出行革命

产业重塑与城市未来

[美]约翰·罗森特　[美]斯蒂芬·贝克 / 著
（John Rossant）　（Stephen Baker）

何文忠　耿媛君　李芸倩 / 译

HOP, SKIP, GO

How the Mobility Revolution Is Transforming Our Lives

中信出版集团｜北京

图书在版编目（CIP）数据

出行革命/（美）约翰·罗森特（John Rossant），（美）斯蒂芬·贝克（Stephen Baker）著；何文忠，耿媛君，李芸倩译. -- 北京：中信出版社, 2022.5
书名原文：Hop, Skip, Go: How the Mobility Revolution Is Transforming Our Lives
ISBN 978-7-5217-3626-7

Ⅰ.①出… Ⅱ.①约…②斯…③何…④耿…⑤李… Ⅲ.①交通运输经济－研究 Ⅳ.①F5

中国版本图书馆CIP数据核字（2021）第197931号

Hop, Skip, Go: How the Mobility Revolution is Transforming Our Lives by John Rossant and Stephen Baker
Copyright © 2019 by John Rossant and Stephen Baker
Simplified Chinese translation rights © 2022 by CITIC Press Corporation
Published by arrangement with author c/o Levine Greenberg Rostan Literary Agency
Through Bardon-Chinese Media Agency
All rights reserved
本书仅限中国大陆地区发行销售

出行革命
著者： ［美］约翰·罗森特 ［美］斯蒂芬·贝克
译者： 何文忠 耿媛君 李芸倩
出版发行：中信出版集团股份有限公司
（北京市朝阳区惠新东街甲4号富盛大厦2座 邮编 100029）
承印者： 天津丰富彩艺印刷有限公司

开本：880mm×1230mm 1/32　　印张：9.25　　字数：200千字
版次：2022年5月第1版　　　　　印次：2022年5月第1次印刷
京权图字：01-2020-0858　　　　　书号：ISBN 978-7-5217-3626-7
定价：59.00元

版权所有·侵权必究
如有印刷、装订问题，本公司负责调换。
服务热线：400-600-8099
投稿邮箱：author@citicpub.com

献给年轻人，

亚历克斯·罗桑、斯隆·赖特、路易丝·克雷夫，

他们将有很多不同的出行方式可以选择。

目　录

引　言 // *001*

第一章　　按回车键打印汽车 // 001
第二章　　洛杉矶：向托潘加峡谷缓慢前行 // 023
第三章　　800匹电马 // 049
第四章　　侏罗纪底特律 // 077
第五章　　赫尔辛基：编织魔毯应用程序 // 105
第六章　　与老鹰和夜莺为伴 // 127
第七章　　迪拜：掌握最前沿 // 149
第八章　　傻瓜式驾驶 // 171
第九章　　上海：黄浦江上的培养皿 // 201
第十章　　无人机小队 // 223
结　语　　时间、路程、金钱 // 239

致　谢 // 261
注　释 // 263

引 言

你的一生都在哪些地方度过？家庭、学校、工作场所、饭店或健身房？或许还有里约热内卢的狂欢节，巴黎的廉价酒店？所有这些记忆和日常活动都涉及出行，从一个地方到另一个地方。出行在我们的生活中稀松平常，很容易被忽视，每天占用很多时间，花掉了我们大部分的钱。出行对我们的生存至关重要，几乎可以与饮食相提并论。如果我们不动，我们将永远不会见到其他人。现在，在我们进入21世纪的第三个10年时，出行方式正在发生巨大的变化。

我们在谈到出行方式的变化，尤其是本书中所描述的内容时，经常会被人们打断，他们会问："你是在说自动驾驶汽车，对吗？"

然而，即将发生的变革不只是机器人导航，还有更大的变化。在世界各地，你都可以看到出行方式的加速发展。由于交通拥挤和雾霾严重，有着百年汽车经济历史的城市正逼近极限。许多缓解措施正在实施，以解决问题。许多城市都在扩建绿道和修建自行车道。马德里等一些城市已开始禁止汽车出入市中心，还有一些城市则在拥堵区域收取驶入费用，这促进了共享单车和共享汽车的需求激增。同时，技术爆炸正在激励着新一代的联网机器和服务。是的，汽车正在逐步成为机器人。

我们都知道汽车，即我们驾驶的烧油的机器，它已经有一个世纪的历史了。我们的城市地理已经适应了其需求。高速公路网络催生了新的郊区，而开发商则在市区划出了广阔区域作为停车场。城市发展成了能容纳无数"四轮动物"的保护区，塞伦盖蒂平原也沦为汽车和卡车奔跑的场地。汽车单一文化遍布全球，从洛杉矶、加拉加斯到莫斯科，再到北京和新德里。汽车改变了地球的表面，污染了空气。

虽然汽车还没有消失，但其正在失去主导地位。在接下来的10年中，人类将找到新的出行方式。与上一个阶段不同，下一个阶段人类出行将不再由单一的标志性技术来定义。取而代之的是，我们将面临许多选择，其中大多数都是由数字网络跟踪和调控的。如果可行，这种安排将比今天烟雾弥漫、陷入僵局的现状更环保、更便宜、更快捷、更安全，对从家庭到国民经济的影响将是深远的。交通将再一次重整我们的工业格局，调整我们的生活时间表，重塑我们的城市。无论是好是坏，它将对我们星球的未来产生重大影响。

未来的许多变化都与数字知识相关——我们身在何处、要去哪里、怎么去合适等意识不断增强。这种智能化与汽车时代形成了鲜明对比，汽车时代的特点是无知。

回想一下过去的我们是多么无知。想象一下在20世纪30年代，罪犯邦妮和克莱德在大平原上横冲直撞，抢劫银行，行凶杀人。他们在高速公路上行驶，但没人知道他们身在何处。警察不得不追踪目击者，然后在地图上按时间扎下五颜六色的大头针，试图确定不法分子可能在哪里，又将在何处出现。20世纪的大部分时间里，汽车都像鬣狗一样到处乱窜。对于许多青少年来说，未知的行踪意味着自由，他们会想："我们开车出去了……可能去某个地方。父母相信我们不会抢银行。即便他们知道，也只是大概知道我们可能身在何处。"

城市规划者也毫无准备。直到最近，高速公路工程师仍然会将装有计数传感器的电线拉过马路。这提供了原始的参考，但仅是关于我们的机械化行为的参考。以前，工程师几乎没有用于管理交通流量的工具。交通就像自然力量一样，就这么出现了。因此，大多数城市屈服于其无情的压力，将大量预算用于拓宽道路和高速公路，开放更多空间以供停车。结果就是如今这样，大量的精力、时间和金钱被浪费。或是大量车辆闲置不用，或是路上出现蜿蜒的车队，5 000磅[①]重的铁疙瘩里只坐着一个司机，这些都体现了交通的低效。

这种无知的现状中存在大量浪费，也蕴含着无限机会。规划者和企业家现在都可以测量和计算各种事物。当这样做时，

[①] 1磅≈0.45千克。——编者注

他们可以将注意力从群体转向个体，这催生了新的业务。例如，在巴黎，一名通勤人员驾驶着雷诺克利奥在拥堵的环城大道上缓慢行驶。假设有一项服务或应用程序可以让他每天都减少一个小时的上下班时间，那么每周就可以节约出五个小时。他要为这些里程和时间付出什么？

这是蓬勃发展的时空市场，但不久前，其中有许多事情我们还没有能力做到。然而，现在我们手里已经有了一系列新技术。传感器阵列现在可以每秒就提供一次我们的位置读数，包括5G（第五代移动通信技术）在内的高速网络可以将数据压缩到云计算中，先进的人工智能可以知道我们即将去哪里，并给我们推荐最优路线。10多年前才诞生的区块链和其他分布式账本技术是比特币等加密货币的基础，它们使共享渠道更加安全，通过这些渠道也可以协调行动。这种共享是建立高效网络的根本，但我们仍没有很高的共享水平。

电池是另一种基本技术。新的交通工具在很大程度上是依靠电力运行的，计算机也需要电力。本质上，大多数新的交通工具是装有轮子或机翼的联网计算机，甚至自行车也越来越智能。

如我们所见，交通变革代表了互联网的第三阶段。20世纪的最后10年见证了网络时代的开启，当时邮件和音乐等大量信息进入了数字化时代。随后10年中，随着智能手机爆炸式增长，信息也流动起来。这是第二阶段。手机与联网计算机的结合将知识的宇宙放进了我们的口袋和钱包,给人类的大脑增加了一个电子脑叶。现在,我们已经习惯甚至沉迷于带着网络技术四处跑。更多先进的混合技术将带领我们进入第三阶段。

在未来的移动时代,几乎每一个滚动和飞行的交通工具都是一个联网设备。要想了解这意味着什么,可以打开任何一个共享乘车应用程序,例如优步。你可以通过屏幕上的点窥见未来,我们每个人都作为网络地图上的一个节点在其中移动。

20年的技术浪潮中,拼车掀起了第一波大浪潮,即所谓物联网。我们可以通过冰箱在线订牛奶,走进房间时,智能灯泡会自动亮起来。大量机器对机器的应用程序最终慢慢进入了市场。但是对于物联网而言,其最大和最丰富的舞台将是交通,物联网将使该领域的其余部分相形见绌。

这并不意味着我们购买的下一辆车就是自动驾驶汽车,或者我们很快就会乘坐舒适的自动飞行吊舱在高峰时段的车流中穿行。不过我们将见证,在某些地方,这些正在开发的技术会比其他地方更快推出。但是,对于我们大多数人来说,即将到来的转变不会从路边一台神奇的新机器开始,而是会以一系列新问题开始。

想象一下,你今年29岁,刚刚毕业,正在洛杉矶做着第一份工作。这份工作唯一的缺点就是上下班的路程太长。上下班高峰期,你要花50分钟才能龟速行驶到圣莫尼卡,大部分时间都在10号州际公路上。所以你需要一辆车。

当然最先考虑的是钱。对于像你这样的公寓租户，汽车将成为你最宝贵的财产，你需要贷款才能购买。考虑到汽车的价格和维护费用，买一辆车每年的成本约为8 000美元。[1] 95%的时间里，这个愚蠢的东西会闲置，这是现金流失，哪怕停着它也要花钱。拥有一辆汽车与照料一个需要定期去看昂贵兽医的宠物没什么不同。实际上，如果你考虑费用、保养甚至功能，汽车与被它取代的高维护机动性重量级选手——马——有很多共同之处。

现在，有了汽车经销商，你可能会考虑与这辆假想的汽车共享未来10年的情景。你真的需要车吗？

让我们尝试用另一种方式思考：不用汽车，你每年将省下8 000美元。那就是你的交通费用。即使在10年前，8 000美元也走不了多远。洛杉矶市中心和圣莫尼卡之间没有地铁，公共汽车服务更是个笑话。出租车（如果你可以在洛杉矶找到一辆的话），那更不可能了，坐出租车会在几个月内就花光8 000美元。当时唯一的选择是买车或租车。

但是在接下来的10年，交通工具将有新的选择，并且每年都有更多选择。拼车服务和电动滑板车只是开始。饱受高速公路堵车折磨的车主的备选出行方式——洛杉矶地铁，现在有了选民批准的数十亿美元债券，正在急剧扩张。事实证明，司机们是如此迫切地希望拥堵得到缓解，以至于他们通过提高自己的燃油税来帮助政府发展交通。对于许多人来说，更好的公共交通服务将缓解高速公路拥堵，并使开车不那么令人难以忍受。

但问题仍然存在：你准备好买车了吗？尽管你的选择将越来越多，但问题仍然很复杂。举个例子，冬天下起了倾盆大雨，你从地铁站出来，还能用电动滑板车吗？

当然很不方便。即使新的网络和技术在未来10年将渐渐盛行，我们中的许多人也还是会坚持使用汽车，或者被迫坚持使用汽车。但是，错误在于，我们以为下一阶段的交通会和上一阶段一样，只不过更智能、更清洁罢了。有了这种想法，我们仍然保留了车道、两车位车库和停车场。我们坚持整个汽车单一文化，但是我们用扎实的电动车型代替了20世纪以来一直由汽油驱动的动力机器，这些车型最终将实现自动驾驶。

这种想法很自然。20世纪初，许多人认为汽车将取代马匹。当然，汽车会消耗汽油而不是燕麦，虽然它不会弄脏马路，但是会污染空气。不过汽车的速度更快。是的，当汽车坏掉时，将由机械师来修理，而不是兽医。但是或多或少，世界仍旧保持不变。这些新机器的名称也是如此，它们叫"无马的马车"。

然而，汽车继续影响着从制造业到石油业的大部分全球经济，也改变了城市地理。20世纪，炼油的副产品沥青覆盖了地球的很大一部分，包括我们大多数人生活的地方。沥青是城市的外衣。

我们仍有数十亿人与汽车和卡车捆绑在一起。有些人特别喜欢车，而其他人开车仅仅是因为在汽车创造的世界中，开车仍然是从一个地方到另一个地方的最佳方式。这就是为什么在过去的一个世纪里，汽车一直在主宰着整个世界，以及大部分全球经济。

但是现在，从丰田和福特这样的汽车巨头，到全球最大的商用车制造商戴姆勒，整个汽车经济都必须在互联汽车的世界中找到自己的位置，而这些汽车大部分都是由电力驱动的。石油公司也面临着生存挑战。不再使用内燃发动机可能会破坏汽油市场，目前汽油约占全球石油消费量的50%。这可能导致油价暴跌。对锂和大量稀土矿物质等制造电池的关键成分的需求，可能会导致人们蜂拥到智利和刚果民主共和国。[2]这些紊乱会影响整个世界。

与此同时，消费者将面临各种新的可能性。许多初创公司，例如俄勒冈州的三轮电动车制造商 Arcimoto 正在制造新型交通工具。Arcimoto 的三轮电动车是汽车和三轮车的融合，带有车顶。在中国的省会城市，街道上有一些类似三轮车的微型汽车。然而，这些防护得像烤面包机一样的汽车速度很慢，最快只能开 70 英里[①]每小时。这些车有的仅售 1 000 美元。[3]最基本的出行工具已经变得非常便宜。

向交通网络的转变还将引发社会问题，其中许多问题令人担忧。汽车经济在创造并维持着数千万个中产阶级的工作的同时，人工智能和机器人技术让金字塔顶尖的技术精英更为富有。

---

① 1 英里≈1.6 公里。——编者注

交通技术向数字经济的迁移有可能扩大全球贫富差距。此外，城市是这场革命的实验室。如果新的出行工具提升了人们的生活质量并改善了交通状况，那么这个新领域可能会吸引更多的人才，从而加剧城乡差距。

*****

出行革命的故事源远流长。我们该从何说起呢？

我们就从那些开辟新天地的人说起吧——他们制造飞行器、电动汽车、由人工智能驱动的机器，这些都将组成改变我们出行方式的新型交通网络。本书每章中提及的代表性人物，都推动构建了出行变革的生态系统。其中包括 Divergent 3D［3D（三维）打印汽车制造商］的创始人凯文·辛格。Divergent 3D 的总部位于洛杉矶国际机场以南几英里处，该公司正在建造全新的汽车制造设施。这种设施制造出来的汽车是在计算机上设计的，其零件会由 3D 打印机打印出来，主要由一组机器人来组装。如果你对打印出来的汽车不满意，那么可以将其熔化，调整设计后再次尝试。这就是软件经济的优势，更改和尝试都很容易，这也是创新如此之快的原因。汽车世界正处于软件经济的浪潮之中。

我们还将探索人工智能中最雄心勃勃的教育成果之一——三大洲的人才竞相教授机器如何驾驶。总部位于加利福尼亚州帕洛阿尔托的初创公司高深智图，有一位名叫罗薇的中国制图师。她正在制作新一代地图，该地图能以厘米精度来指导自动驾驶汽车的行驶，并提醒这些自动驾驶汽车注意变形的挡泥板和地面上掉落的树枝等情况。这是一项全新的地理呈现，它面向更加苛刻的消费者——机器。中国南方大都市广州，有一家名为小马智行的初创公司，其科研人员正在研究并微调自动驾驶汽车在街上行驶的认知过程，同时试图研究他们在中国或加州采集的成果有多少能在罗马或开普敦投入使用。

建立能够独自驾驭复杂物理世界的系统，同时还能应付冲动、不理智、乱穿马路、开车发短信的人类，这将是21世纪最伟大的技术壮举之一。不过，在未来10年里，自动驾驶汽车业务的最大份额，将是在智能汽车仍处于学徒期时就能够获得盈利的应用程序。也就是说，虽然汽车完全自动是研究的终极目标，但至少在未来几年内，自动辅助驾驶拥有更大的市场。

在第三章中，我们将与电动汽车初创公司里维安的创始人罗伯特·斯卡林格会面，他认为，里维安即将推出的电动SUV（运动型多用途汽车）和皮卡具有自动辅助驾驶的功能：人类驾驶员可以在自动驾驶系统的指引下开往黄石国家公园或南非的克鲁格国家公园。该汽车将在预先规划好的路线上自动行驶，就像开在火车轨道上一样，系统在途中会一直提供解说。这样一来，虽然汽车并非完全自动驾驶，但人类驾驶员同样可以在汽车行驶过程中转过身来观赏公园里的熊或长颈鹿，甚至拍照。

这种"学徒训练"不仅对自动驾驶汽车（不知道以后会叫什么名字）有价值，还将逐步让人类驾驶员习惯自动驾驶，以便当机器最终完全有能力在地面上行驶时，人类不会因为恐惧而抵触自动驾驶。我们也已经知道如何监控自动驾驶汽车了。

然而，出行新变革不仅仅发生在陆地上。许多公司，从初创公司到像空中客车和波音这样的航空巨头，都在设计新一代的飞行器。马克·摩尔是一位在美国国家航空航天局工作了30年的资深航空航天工程师，致力于开发电动飞行器。在研发期间，这些飞行器看起来不像是飞往火星的。如今，全球有100多家公司正在建造这类电动飞行器。摩尔从美国国家航空航天局跳槽到优步，优步计划从洛杉矶和达拉斯开始，在各城市运营空中出租车网络。电动飞行器听起来甚至比自动驾驶汽车更具未来感。是的，没错，该领域也还有各种法律和监管难题需要解决。然而，一旦这些"飞船"升空，其任务就比自动驾驶汽车简单得多了，因为天空远没有错综复杂的地面世界繁忙。

其他出行技术企业更受想象力和企业家精神的驱动，而非尖端技术。2010年，年轻的印度尼西亚创业者纳迪姆·马卡里姆有一个商业构想，将 ojeks（印度尼西亚语中"摩托出租车"的意思）组织成拼车网络，于是 Go-Jek（共享出行服务商）应运而生。起初，Go-Jek 只在雅加达推出了该业务，仅有 20 辆摩托出租车。而如今，Go-Jek 已经拥有了 100 多万名司机，业务遍及南亚。马卡里姆推出移动应用程序后，拥有了数百万名用户。之后他便开始扩展业务，提供从数字银行、按摩到包裹配送等一系列多元化服务。他的公司基于数据运行，运营着东南亚最大的人工智能实验室之一。难怪谷歌最近牵头了10亿美元投资以换取其股份。[4]

*****

数字时代的第三阶段与之前的个人计算机和智能手机阶段有两方面不同。首先，地理位置不同。第一次互联网繁荣主要是地方性的：在美国西海岸的少数几家公司定义了互联网革命，并完全拥有控制权。由苹果和谷歌制造的智能手机平台成了占主导地位的智能手机平台，与互联网革命来自同一社区。而出行革命从一开始就是一个全球现象。中美处于领先地位。像柏林这样的欧洲热点地区一样，以色列也是一个关键的技术参与者。尼日利亚、印度尼西亚和墨西哥的企业家正在创建可以推向国际市场的变革性网络。总之，出行革命正在全世界兴起。

但值得注意的是，出行革命始于城市，这导致了第二个不同点——移动性。互联网在屏幕上构建了自己的虚拟世界，但是移动性发生在我们所居住的物理世界，其中大部分发生在我们共享的空间中。它包括公路和自行车道，以及可能从人行道上冲下来撞到身上的机器，我们必须对其进行管理。因此从一开始，政府的角色就非常明确。

毫无疑问,世界各地的城市将成为新型出行方式的实验室。只有它们才能在几个街区内为数以千计的潜在客户提供服务。这就是为什么在慕尼黑或东京拼车或租自行车是轻而易举的事,也是为什么在巴塔哥尼亚或怀俄明州的大部分地区不可能做到这一点。城市也是我们故事的中心,因为越来越多的人正在变成城市物种。今天,一半以上的人居住在城市里。预计到2050年,这一数字将增长到全球人口的68%,超过95亿。[5] 这意味着城市人口平均每周以100万的速度增长,相当于斯德哥尔摩的人口了。面对这种拥挤,许多城市将发展智能出行作为解决城市交通瘫痪问题的方法。

但是,人们仍然必须想办法管理这些出行工具。这就是为什么在讲述这个故事的过程中,我们走向公路(和天空),参观四大洲的四个城市。每一个城市都是一个实验室,用来测试新方式以移动人类及其物品。每个城市都会拿出自己的解决方案(同时借鉴世界上数百个其他城市的大量经验)。它们的每一个决定,从税收到对充电桩的投资,再到对新的铁路线路以及自动驾驶汽车道路的规划,将塑造社区、定义通勤,并在全球范围内建立竞争力。毕竟,如果一家公司要在两个城市之间做选择,一个是交通拥堵和雾霾笼罩的城市,另一个是交通更畅通、更便宜、更环保的城市,那么选择哪个就很明显了。

你可能会认为地球上最具标志性的汽车城市洛杉矶会是最后一个发生出行革命的地方。首先,谁来组织这场革命?市长不仅与市议会分享权力，还必须与幅员辽阔的洛杉矶县（人口比美国 41 个州的任何一个都多）辖内不少于 87 个独立而强大的自治市进行斗争。然而，正如我们将看到的，洛杉矶将自己定位为一个庞大的测试平台，为即将到来的一切做准备。它资产充足：阳光明媚的气候适合电动滑板车和自行车，新型交通技术初创公司激增，在航空航天行业处于领导地位。（掌握新材料和轻量级结构，与我们将要乘坐的新设备高度相关。）最重要的是，洛杉矶人已经受够了拥堵的高速公路，时刻准备接受新的出行方式。

接下来，我们将参观迪拜，迪拜政府拥有极大的权力和近乎无限的预算，并将自己定位为未来交通先驱。迪拜计划在 21 世纪 20 年代初运营空中电动出租车。根据政府的计划，到 2030 年，迪拜 1/4 的出行工具将是自动驾驶工具。[6] 计划中的真空列车（所谓超级高铁）承诺，将把到阿联酋首都阿布扎比两小时的车程缩短到仅 14 分钟。[7]

与洛杉矶和迪拜相比，赫尔辛基似乎已成为一个交通变革的理想城市。赫尔辛基非常适合步行，有轨电车、地铁和公共汽车每隔一两分钟就会经过一次。然而，在 10 年前，对一个名叫索尼娅·海基拉的大学生来说，想穿过城市去足球场练习足球仍不是一件容易的事。她糟糕的体验变成了一种愿景：如果她可以在一款智能手机应用程序上呼叫所有可用的交通工具，然后像 Spotify（声田）或 Netflix（网飞）那样，以订阅方式支付出行费用，会怎么样？这种想法正在赫尔辛基生根发芽。在那里，有朝一日拥有一辆汽车可能会像买一张 CD（激光唱片）一样不合时宜。（汽车业的高管只需看看陷入困境的音乐行业，就能明白从实物所有制向数字服务经济转型会有多大的破坏性。）

我们全球出行之旅中最重要的一站是上海。几十年前，这座城市的居民还是靠公共汽车、自行车出行，或者成群结队步行，小汽车很少。但是现在，与中国东部其他工业区一样，上海也发生了很大的变化，它已经成为一个拥有 2 500 万人口、交通拥堵的繁华大都市。这座城市的决心是，在解决这些问题的同时，引领世界走向新的出行方式。这座城市最大的资产是数据资源。这些数据加上先进的人工智能，未来能够以工业供应链的精度管理人类活动。

我们每个人都希望像丰田工厂生产线上的挡泥板、坐垫和火花塞一样，以没有感情的效率从一个地方移动到另一个地方吗？随着出行革命逐步推进，我们将面临艰难的选择：我们想要生活在什么样的世界里？一方面是人权自由，包括浪费时间的自由，隐姓埋名去旅行的自由，甚至迷路的自由。另一方面是社会利益，如安全、效率、经济竞争力和清洁的环境。这种个人和社会之间的紧张关系贯穿了出行革命，也是本书关注的焦点。随着我们探索世界上主要经济体的交通状况，这种对比的反差将越来越大。

归根结底，这是关于我们的故事：数十亿人迁徙的故事。我们用旅行的距离、到达那里所需的时间以及花费的金钱，即走了多少里程、花了多少分钟、用了多少钱，来衡量每一次旅行，无论是去吉隆坡还是街角的药店。从步行到骑马，再到汽车和喷气式飞机，每一个交通阶段的背后，都是空间、时间和金钱这三个基本变量的数学运算。即将到来的出行革命也将如此。最后，我们将探讨即将到来的变化如何重塑我们有关地球地理的概念，如何改变我们的时间观念以及更新我们能够去往的世界目的地的想法。

第一章
按回车键打印汽车

要说美国交通出行的中心，你可能会想到原本不起眼的加利福尼亚州洛杉矶托兰斯郊区。此地位于世界第四繁忙的机场——洛杉矶国际机场以南，离机场仅10分钟车程。洛杉矶港和长滩港这两个港口，运营着美国1/3以上的货物，离机场只有几个高速出口的路程。[1] 凯文·辛格在托兰斯的店铺靠近110号和405号这两条拥挤的十车道州际公路的交界处，宽阔的林荫大道似乎看不到尽头。道路两侧坐落着许多仓库，排满了卡车，使路中间枯瘦的棕榈树显得寂寞可怜。

2014年，辛格怀揣着远大理想来到此地，其目标是重塑下个世纪的汽车制造业。正如辛格所看到的那样，当前主流汽车制造业的特点是庞大的工厂大批量生产汽车和卡车。这些工厂都以吨位为导向，相当僵化。这些大型汽车碾压道路，让城市变得拥挤不堪，正在慢慢摧毁我们生活的星球。在辛格看来，这种汽车模式终将灭亡。他做出这个选择是为了摆脱老旧的汽车模式,这也是辛格将其公司命名为"Divergent 3D"的原因。这家公司的模式高效灵活,类似于达尔文学说中数百万年前气候变化后机灵的小型哺乳动物的生存方式。辛格认为,无论汽车制造商的规模如何,都需要拥有与哺乳动物相同的技能才能生存,那就是速度和灵活性。这也是辛格想要的卖点。

辛格的制造装置就像移动时代的许多其他东西一样,将整个过程编码在软件中,整辆车都是在计算机上设计、组装而成的,就像当今世界上的杂志、歌曲或百万种其他产品一样。工程师对设计感到满意后,按下回车键确认打印,然后3D打印机就会打印出面板和接口,每一个部件都在重量、强度、耐用性与燃油效率上按照工程师的要求进行优化,随后由一小批机器人进行汽车组装,装上发动机(汽油发动机或电力发动机),再装上四个轮子,最后进行一些收尾工作。如果组装出来的汽车不尽如人意,Divergent 3D 的团队就会分解零件,调整设计并重新打印。正如辛格预想的那样,这一新流程将使企业家和小型设计工作室能够涉足小型汽车制造行业。辛格预估,建立微型制造工厂只需耗费大规模生产成本的 1/10,差不多只要 5 000 万美元,并且还可以催生各种精品汽车制造厂商。"仅在洛杉矶,我们就可以有 10 家新的汽车制造商。"他说,"即使是户外品牌巴塔哥尼亚也可以打造自己的汽车品牌。"

不过这些 3D 汽车的第一个市场似乎会是中国。辛格的投资者主要还是来自中国,包括香港房地产大亨李嘉诚。[2] 这些投资者已投资 1 亿美元,并正在上海建立第一家 3D 汽车制造工厂。

*****

在托兰斯一个阳光明媚的春日,凯文·辛格漫步在宽敞的办公室中,穿过几排程序员和工程师的电脑桌,打开一扇金属大门,走到尘土飞扬的建筑工地上。一名工作人员正忙于为汽车制造机器人平整地面。地表必须完全平整,以便机器人可以将精确到毫米级的零件拼凑在一起。

辛格 50 多岁,身材修长挺拔。他穿着紧身短袖衬衫,露出的冒着青筋的胳膊似乎格外修长。辛格曾是大学橄榄球运动员,从这项运动来看,他看上去就像是拥有前锋胳膊的后卫。

辛格在克利夫兰一个工薪阶层家庭中长大,是家里五个孩子中最小的一个。他的两个哥哥都是机械师,喜欢赛车运动。辛格还在上高中时,就为 1968 年款普利茅斯梭鱼跑车配备了动力强劲的 4.4 升排量 V8 发动机。那可是"热棒"[①]。他说,那是自己最接近电脑黑客的一段时间。"当从制造商那里买到的东西不怎么样时,你就会试着改造。"

事实证明,是橄榄球而非改装车将辛格从克利夫兰送进耶

[①] "热棒"(hot-rodding)通常指旧的、经典的或现代的美国汽车,其大型发动机经过改造提高了速度。术语"热棒"的起源尚不清楚。——译者注

鲁大学,并让他开始打拼自己的事业的。辛格是防守界的恶魔。虽然体重不足200磅,但他打中卫,在强壮的中锋对面站位,从离四分卫几英尺①远的位置发动进攻。1980年的《哈佛深红报》写道:"3年来,(耶鲁)防守成功的关键是中卫凯文·辛格。"³文章援引布朗大学教练的话,表示辛格已经连续两年"单枪匹马"地统领整个队伍,"他会扰乱对手的整个比赛计划"。

大学毕业后,辛格加入了美国海军陆战队,随后就读于耶鲁大学法学院。后来,他担任联邦法院著名法官格哈德·格塞尔的书记员,格塞尔不仅处理五角大楼的案件,他还是水门事件的法官。在此期间,辛格表示对案件诉讼有浓厚的兴趣,为此格塞尔法官给他在纽约南区联邦地区法院安排了辩护任务,之后他就担任了鲁迪·朱利安尼的助理律师。在那里,他与许多后起之秀合作,包括后来的联邦调查局局长詹姆斯·科米。

辛格的职业生涯就像是培优老师培养的最佳学生榜单一样,只不过这个榜单上只有辛格一个人。他在德国获得了大名鼎鼎的博世奖学金,并在位于伦敦的高盛公司管理媒体和电信业务。他还在德国的出版集团贝塔斯曼担任了好几年的高管。20世纪90年代中期,当互联网开始悄然改变生活时,辛格来到了硅谷,作为首席财务官兼运营负责人创立了一家网络公司,此举野心勃勃、高瞻远瞩,但结果却不尽如人意。辛格创办了第一家生鲜电商——Webvan。辛格在通向21世纪的道路上乘风破

---

① 1英尺≈0.3米。——编者注

浪,我们可以先停下脚步思考一下 Webvan 平台,因为它与辛格目前的公司 Divergent 3D 有一些相似之处。

20 世纪 90 年代后期的 Webvan 曾有过短暂的雄起时光。1995 年,网景公司的首次公开募股引发了第一次互联网热潮。此后不久,大量初创企业涌入当时被称为"网络空间"的地方,展开(在线)抢地。当时的想法是,只有少数竞争者,甚至一位主导人可以在有利可图的市场上生存下来。在早期,亚马逊的目标是打造领先的在线书店平台,而 Webvan 的目标更加远大,它想要重塑 4 300 亿美元的生鲜市场。它承诺先承包整个国家的生鲜市场,然后抢占全世界的生鲜市场份额。

风险资本家几乎无差别地向互联网初创企业倾注了无数资金,但极少有企业像 Webvan 这样夸下海口。[4] 一些领先风险投资公司,比如硅谷巨人标杆资本和红杉资本,向该公司投入了数亿美元。Webvan 打算迅速将自己打造为新兴的线上生鲜巨头,因此急于在包括芝加哥、旧金山和洛杉矶在内的 10 个主要城市开设业务。这意味着要拥有高科技仓库和复杂的供应链,并在极短的时间内(食物腐烂前)将食品交付客户。这是一个雄心勃勃的疯狂计划,辛格掌控着大部分主动权。

辛格目前的汽车制造业务在许多方面同样雄心勃勃、推陈出新……并且从投资者的野心中获益。凭借 Divergent 3D,辛格继续做出大胆承诺。这次,他不是改造生鲜世界,而是改变我们制造的方式。毕竟,制造业是全球经济的基础。按照辛格的计划，削减90%的工业流程可能会减少数千万个工作岗位，但这也可能是清理人类发展的道路——开辟可持续发展之路的关键。

此时技术革命正如火如荼地展开，许多投资者都如辛格一样，展望美好愿景，无所畏惧，出售愿景，然后资本流动。对于许多公司而言，虽然利润不尽如人意，但因为这个阶段人人都持乐观态度，所以也没什么大不了的。每个公司都可以在还没倒闭前将自己抛售掉，甚至可以给自己贴上"未来行业冠军"的标签。

辛格创立Webvan的经历或许可以带来一点新鲜感。他明白当人们对市场的态度由惊喜变为怀疑时，每一次的繁荣都有需要注意的方面。这种情况通常发生在早期高股价破裂后，投资者开始对收入和利润产生疑惑。

冒牌货失败时，投资者就会撤退，幸存下来的公司就会将破产公司一扫而光，抢走它们的代码、智慧和客户，然后成为行业巨头。我们现在还不能下结论，也没有人可以说我们将要了解的公司，包括Divergent 3D，最终也会在这个食物链中被吃掉。但是，无论是成为行业巨头，还是倒闭被兼并，它们都在忙于打造下一代的出行科技。无论是哪个竞争对手脱颖而出，其工人、编写的代码以及创建的工业流程都将在这场革命中发挥作用。

Webvan也是如此。该公司投入巨资，每月的支出远远大于收入，要想有利润还得等上若干年。2000年春天，市场情绪发生变化，投资者的目光不再放在虚无缥缈的美好愿景上，而是转向利润，此时的Webvan已穷途末路。2002年，Webvan资金枯竭，宣布破产。亚马逊迅速收购Webvan的资产（包括其仓库），之后成了行业巨头。辛格说："亚马逊的核心团队就是Webvan从机器人到仓库的团队。"辛格及其团队虽然破产，但养活了整个生态系统。[5]

尽管如此，辛格不仅没有落入达尔文"丛林法则"的悲惨境地，还赚得盆满钵满。随后，他又通过投资私人股本增加了自己的财富。

2008年，不到50岁的辛格决定做点大事。他的目标是阻止全球气候变暖，并且他又燃起了对汽车的终身热爱。他与合伙人共同创立了电动汽车公司科达。这家公司的大部分投资者来自中国，它瞄准了中国市场。

2012年，科达发布了其唯一的电动轿车车型。同年，特斯拉推出了豪华电动轿车Model S，畅销市场。在续航里程等关键领域中，特斯拉完胜科达。科达一败涂地。不到一年的时间，辛格被赶出公司，而科达则在寻求破产保护。[6] 虽然被亚马逊和特斯拉这两家标志性公司打败，但辛格依然在计划着下一步行动。

辛格表示，在科达倒闭之前他就意识到售卖价格实惠的电动汽车是一个错误的决定，甚至是愚蠢的做法。正如当下数百万名电动汽车驾驶员一样，他过去也相信推动汽车产业向电动汽车发展可以拯救全球气候变暖，拯救全人类不因气候变化而消失。电动汽车没有任何污染，甚至没有排气管。

2009年，辛格无意间阅读了一份由美国国家科学院发布的长达500页的报告《能源的隐性成本》，这份报告改变了辛格的想法。[7]该报告引入了生命周期分析的概念，使辛格确信，他的整个愿景以及包括特斯拉在内的其他电动汽车公司的愿景，全都落后了。

此报告认为，在汽车购买者第一次踩下油门之前，污染就已经开始了。它还详细说明了制造车辆所消耗的巨大能源。能源消耗从开采铁矿开始，铁矿工人将堆积如山的矿石装载到火车或驳船上。这个路途长达数百英里，路上会消耗大量能源。在炼钢厂，用硬煤（即焦炭）烧制的铁球在温度高达3 000华氏度[①]的轰声震天的鼓风炉中熔化。熔化的铁矿流入其他熔炉，在那里被提炼成厚钢板，这些厚钢板被巨大的碾压机碾成薄片。接着，一卷卷钢板被运到汽车厂。每一步都消耗大量燃料，将大量温室气体排入大气中。

到达同一家汽车码头的其他材料，比如塑料、玻璃和化学品，都通过不同工业方法生产出来，大多数都涉及燃烧和熔炉。根据该报告，与汽车在街道和高速公路上行驶一二十年相比，制造汽车的过程会消耗更多能源并加剧气候变暖。辛格在阅读报告时越来越清楚，几乎任何新车，哪怕是电动汽车，比如日

---

① 100华氏度≈38摄氏度。——编者注

产聆风或特斯拉都要对环境负责。他说:"我真是个蠢货。"

不过,这一发现使辛格朝另一项惊人的宏伟目标迈进了。这一次,他不是为全世界提供食物,也不是让交通电力化,而是主动承担起清理汽车制造业的重任。这些似乎还不够,他还致力将汽车制造中的环境损害降至最低。在此之前的 10 年中,他对无排放电动汽车寄予了厚望,但是简单的物理定律推翻了这一期望。如果你曾经尝试推动一台汽车,你就会知道,即使只是想徒手让一辆很小的汽车——如 Mini Cooper(宝马旗下汽车)或丰田凯美瑞——稍稍挪动一点,都需要超大的力气(以及结实的脊梁骨)。与这些汽车相比,打败科达电动车的特斯拉豪华 Model S 可谓庞然大物了。2009 年,特斯拉第一台原型车重达 4 600 磅。[8] 该重量的大约 1/4 来自电池。移动数百万个太阳能电池将需要无数千兆瓦的功率。

没有内燃机,也没有排气口,这些消耗的功率来自何处?辛格认为,世界上约 2/3 的电力来自化石燃料,这加剧了全球气候变暖。当然,能源消耗在向积极的方向发展。挪威电网使用的是新能源,加利福尼亚州也在快速朝这个方向迈进。法国的电力主要来自核电站,尽管有其他方面的顾虑,但核电站不会产生温室气体。不过,综观世界,大部分电力都来自碳,数十年来一直如此。辛格意识到,利用这些电力来移动重型车辆数千亿英里是不可持续的。

此外,中国这个全球最大、增长最快的汽车市场也有一些问题。电动汽车有望缓解雾霾弥漫的大城市中人们的呼吸疾病。但是从全球的角度来看,这可能只是将污染从拥挤的城市转移到遥远的燃烧化石燃料的地方。从地球未来的角度来看,情况可能更糟。

辛格不仅净化了工业流程,其公司的制造系统还可以生产出更轻的汽车。这家公司生产的汽车的重量是传统汽车的1/3,无论使用哪种发动机,消耗的能源都会更少。这将使空气更加清洁。

辛格的目标是,重现自然的周期性模式和反馈回路。这是整个汽车世界,乃至整个计算领域中反复出现的主题。萌生这个想法主要是因为,在整个工业历史中,我们一直缺乏重要的信息或反馈。凌晨四点半的交通信号灯不会发现路口只有一个人在等待红灯。它们无法像路口的交警那样根据不断变化的情况,向那个人挥手表示可以通过。由于缺乏这些数据,信号灯盲目依赖于编程规则。在智力上,它们介于石头和冰箱之间,反应迟钝,但很可靠。正如我们将看到的,整个行业都专注于以包括交通信号灯在内的现实世界为起点,加上传感器,把迟钝的机器转变为适应性网络,使其行为更像动植物。

同样的逻辑也适用于制造业。汽车公司花费数千亿美元大量生产相同单位的产品,这是一个愚蠢、僵化的过程。因为缺乏反馈回路来发现产品的缺陷或评估其受欢迎的程度,汽车厂只是简单地生产设备而已。如果出了问题,公司还要花巨额费用进行召回。此外，如果购买者因为某些方面——比如引擎盖设计、座椅腰托、高速公路行驶里程——而不去购买某款汽车或卡车，那么生产者就很难得知并做出调整以适应需求。制作结构是僵化的，一旦有故障，造成的损失往往达数亿美元，钱就白白浪费了。

在辛格的生态学计划中，每辆汽车都在不断进化。3D打印过程可以生产出单个样本，并对其速度、操作、舒适性和燃油效率进行测试。这就是反馈回路。随着测试数据的输入，工程师可以熔化汽车并调整软件设计，即汽车的DNA（脱氧核糖核酸）。它们可以为不同的市场或生态系统产出不同的车型，也许一辆汽车用于托兰斯漫长而平坦的林荫大道，另一辆汽车用于混乱的卡拉奇街道和小巷。

谈到最猛烈的反馈回路——撞击时，这位前橄榄球中卫最为激动。由于大多数3D打印汽车都可以熔化和回收利用，所以碰撞测试运行起来成本要低很多。每次测试都会得到汽车中每种材料和设计特征的丰富数据。在辛格的愿景中，世界各地的新一代制造商将进行汽车碰撞测试，得到大量反馈数据，并与其他人共享。"我们将在碰撞测试数据中遨游。"辛格憧憬地说道。一旦将这些数据输入学习引擎中，他们就可以分析每个组件的性能，从而逐步开发出最安全、最防撞的设计。这就是制造过程的灵活性和竞争优势，它在很大程度上以软件的形式存在。

▸ 出行革命

*****

Divergent 3D 代表着对下一代汽车制造的尝试。世界各地的企业家都在忙于设计新机器，并且其中许多人正在用比辛格的机器人和 3D 打印机更简单的方案创新。

许多这样的初创公司正在重新利用原本用于制造炉子或自行车的工业机械，这导致熔补工作爆炸式增长。加拿大不列颠哥伦比亚省温哥华市的电动车初创公司 VeloMetro 创建了 Veemo，这是一款三轮电动自行车，它的三面包裹着耐风雨的外壳。大公司也参与其中。雷诺的轻量级电动汽车 Twizy 看起来像购物车，两扇车门像蝙蝠翅膀一样在侧面升起。未来几十年中，世界各个城市的街道和人行道将会像挤满了各种各样出行机器的实验室。这些机器看起来就像为电子游戏设想出来的，或是来自受苏斯博士[①]启发的世界。

在俄勒冈州尤金大学城里，前电子游戏设计师马克·弗龙迈耶正在组装一台叫作 Arcimoto 的电动汽车-摩托车混合动力车。可以想象一下，首先，将三轮车转过身，让两个车轮在前，一个车轮在后。然后将其扩展至摩托车的大小，放上几个座椅，前后排列，接着用弧形有机玻璃将其包围。这些奇怪的物种现

---

① 苏斯博士，卓越的儿童文学家、教育学家，创作了许多著名的教育绘本。他的作品妙趣横生，充满想象力。——编者注

在正由俄勒冈州的一家制造厂推出，售价为 11 000 美元。

弗龙迈耶毕业于加州大学伯克利分校，曾是一名计算机科学家，他在职业生涯早期是一名电子游戏设计师，取得了很大的成功。20 世纪 90 年代末，他的热门作品之一《星际围攻：部落》，是一款早期的多人在线游戏，游戏场景设定在几千年后。每个玩家的角色都配备了枪械，并且可以与其他人类部落聚在一起进行星际战斗。2001 年，弗龙迈耶与合作伙伴一起成立了一家名为 GarageGames 的软件公司。当时他们想开发一款好操作的电子游戏设计软件。6 年后，弗龙迈耶及其团队将公司以 8 000 万美元的价格卖给了由巴里·迪勒创立的美国互联网巨头 IAC。[9]

这次交易给弗龙迈耶带来了一大笔钱和一些空闲时间，于是他去买车。在成功"退出"后——风险投资行业是这么说的——许多企业家可能会把钱挥霍在特斯拉 Model S 或保时捷帕拉梅拉上，但是弗龙迈耶在俄勒冈州，不在硅谷。他是一位大学校长的儿子，充满理想主义，与许多新兴汽车行业的人一样，他倡导绿色环境，渴望拯救世界。

他想在市场上买一辆车，下雨不能骑自行车时可以开。他不想为此花太多钱，预算大概就 10 000 美元。可他失望了，即使是最便宜的汽车，也太大、太笨重。于是他考虑买辆摩托车。摩托车停车方便、省油，但是在雨中骑摩托车很痛苦，尤金这个地方每年从 10 月开始到次年的 6 月基本都在下雨。另外，摩托车还很危险。骑摩托车的人飙车如火箭。

弗龙迈耶回忆说:"我看到了摩托车和汽车之间的巨大空间。"他表示,在市内开车的话,一辆车就一个人开,偶尔会坐两个人,很少超出两个人。因此,一定能有一个市场满足有他这种想法的人,他们肯定想要一台廉价且极其省油的电动汽车,天气恶劣时在市内行驶,也许就是开到公共汽车站和火车站的距离。他认为,这辆车应该像摩托车一样容易停放,但又要像汽车一样安全,还要有足够的空间带几袋菜回家。他认为他可以组建一个团队来设计这种新车型。

事实证明,设计汽车比做软件难。他说:"用软件设计游戏时,可以免费复制它,还可以修复错误。软件的功能很神奇。"事实证明,相比之下,现实世界中的制造业"异常复杂"。从2008年开始,他在尤金的团队设计了一台两座跑车,并持续改进了8年,即整个奥巴马总统任期。Arcimoto团队不断采用不同材料和不同设计来减轻重量,用方向盘替换了车把,然后又改回车把。他们把强大的电池塞进了小小的电池仓。

该车型总共经历了7个版本,但是有些部件总是不太合适。不过第八版的车型上市销售了,续航里程有75英里。虽然速度没有达到超快水平,但Arcimoto仍然可以保持每小时80英里的最高速度行驶。

最终,弗龙迈耶通过这台环保汽车获得了投资人的青睐。2017年,Arcimoto的股票在纳斯达克全球市场上市,筹集了

1 950 万美元。[10] 这足以开始投入生产了。这款车在 2019 年初开始销售，但 19 900 美元的售价高于预期。弗龙迈耶向媒体发誓说，其大批量生产和专业程度能保证将价格降到 11 900 美元。这是初创公司在制造业中要经历的艰难学习过程。在进行批量生产时，传统玩家是奇才。其他任何行业都不能望其项背。

与 Divergent 3D 的机器人技术和 3D 打印相比，Arcimoto 的制造工艺很原始。在尤金的工厂里，Arcimoto 的工人从钢板上剪下金属零件，然后用压力机将其弯曲成正确的形状，弗龙迈耶说："那就是金属折纸术。" Arcimoto 第八版车型 SRK 更像摩托车，而非汽车，其设计比 Divergent 3D 设计生产的汽车要简单得多。但 Arcimoto 也花了不到 5 000 万美元购买 Divergent 3D 的小型工厂。该公司仅筹集了 3 000 万美元的资金，就启动了其全部制造业务。弗龙迈耶还说："还有很多钱存在银行呢！"

建立下一代汽车制造业有许多变量。虽然汽车制造成本在下降，但是投资也在减少。同时，可选择的车型正在爆炸性增长，电池每年都能提供更长续航里程且成本更低。无论当前的产品是 Arcimoto、Veemo、Twizy，还是在上海新生产的 3D 打印汽车，面临的挑战都是要在变革时期制订持久的业务计划。

*****

在互联网的黎明时期，当辛格忙于建立生鲜电商业务时，汽车革命还没有一点苗头。然而，随后20年，关键技术取得了巨大进步，将3D打印汽车等愿景从牵强的幻想变成了实实在在的工厂生产。

更令人惊讶的是，在这么短的时间内，许多关键部件都可以生产了。信息经济的基础是数据。在世纪之交，数据时代尚未形成，这是因为我们大多数人还没有经历与屏幕互动、被传感器包围或忙于社交网络的生活。彼时的社交网络并没有很了解我们——我们的购买习惯、我们的疾病、我们的朋友圈。我们的生活基本上是离线的。虽然如今听起来很奇怪，但那时许多计算机都只存在于"计算机房"里。笔记本电脑没有Wi-Fi（无线通信技术）。即使我们已将软盘中的数据上传到网络上，当时也没有强大的云计算机来存储和处理这些数据，洞察我们的行为与动作，推动人工智能进步。

在互联网时代早期，网络传感器（汽车的眼睛和耳朵）仍处于起步阶段。当时，我们如今随身携带的智能手机，也就是传感器中最重要的设备还不存在。没有智能手机，整个汽车经济领域，从优步到共享单车公司和共享滑板车公司，都将解体。（对于这些公司来说，其客户是消费者的智能手机，而不是消费者。我们只是智能手机的携带者，以及智能手机的行李箱。）

数据经济的最新突破之一是，机器对人类语言的掌握程度有所提高。我们所有的在线文字和语音聊天记录都为计算机创造了庞大的语料库。实际上，我们已经教过它们语言。这使我们能够与承载我们的机器进行交谈。语音是汽车技术的主要界面。这在2015年之前是不可能的，那时这一技术只存在于少数原始的应用程序中。

回顾近一二十年，我们可以感受到当前推动我们前进的技术的发展速度。技术发展正在快速前进，并且不断加速。在未来的10年或20年里，赋能出行革命的技术，如从人工智能到制造和网络管理，肯定会同样快速发展。

3D打印经历了同样的增长曲线。21世纪前10年中，利用大量3D打印机来制造汽车的想法听起来就很古怪。此类初代3D打印机主要是业余爱好者在使用。设计师可以在计算机上画一些东西，例如冰箱的把手，或者坏掉的太阳镜镜架。但是这个过程很慢，类似于孩子在沙滩上修建沙子城堡，3D打印机一层一层地打印产品，直到完成，这被称为"积层制造"技术。3D打印机会使用一个精密喷嘴，喷出经过微调的材料（通常是塑料），而不是像孩子用手随意捡沙子。它是一种有目的地创造物体的奇特方式，它可能是下一个工艺阶段，但它不能与大规模生产相媲美。

然而，此类设备的制造商在不断发展。过去10年中，3D打印机从根本上扩展了打印结构，完全能打印出更加复杂的产品。这些数字工厂现在可以使用各种金属粉末和复合材料，这扩大了其生产范围。同时，它们以指数级速度发展，甚至可以与其他数字技术相提并论。传统汽车制造商现在正使用3D打印机来制造某些零件，同时保持其大规模生产过程不变。

在速度方面，3D打印无法与传统装配厂竞争。问题是在小型工厂中，3D打印能否满足其盈利要求？或者是否可以在3~4年内足以满足该要求？

*****

在一次展会上，辛格展出了Divergent 3D的第一款车，是一款时尚的紫色跑车，名为"Blade"（刀身）。它有20世纪50年代保时捷的曲线，但仅重1 400磅。如果其发动机功率更适中，则每加仑[①]汽油可以行驶100多英里。但是，为了获得汽车爱好者和汽车评论员的赞叹，展出的Blade为了性能牺牲了经济性。它有700马力，从0加速到60英里每小时只需两秒钟。[11]

目前，Blade只是概念车。辛格说，Divergent 3D的业务将不在于生产和销售汽车，而在于向世界各地大大小小汽车制造商出租其制造系统及软件。3D打印即使发展得很快，也永远无法与批量生产的生产力相抗衡。但是利基市场并不需要这种速度或规模。辛格估计，配备商用发动机的简单3D打印汽车的售价将在6 000美元左右，这甚至不及弗龙迈耶Arcimoto SRK价格的1/3。上海工厂计划每月生产近千辆这样的汽车。按批

---

① 1美制加仑≈3.8升。——编者注

量生产标准来看,这个数字很小,但这是完全不同的商业模式。如果这种方法行之有效,Divergent 3D可能会成为汽车制造的全球软件平台,这也是辛格的目标。

第二章
洛杉矶：向托潘加峡谷缓慢前行

像大多数城市一样，洛杉矶的故事也充满了变化。直到19世纪80年代，洛杉矶还只是一个坐落于圣加布里埃尔山脚下的滨河小镇，离太平洋海岸15英里。居住在那里的几千名欧裔美国人，要想到美洲大陆东岸，要么坐畜力车穿越山脉和沙漠，要么乘船绕行火地岛，航程达12 000英里。

当跨越大陆的火车从东边抵达城镇时，移民浪潮随之兴起。1888年，联合太平洋和圣达菲这两家铁路公司竞争新兴的南加州市场，爆发了一场价格战。堪萨斯城的乘客只需花20美元就可以前往洛杉矶，后来票价一度降到10美元，在一次火热促销中票价甚至低至1美元。[1]对这些初来乍到的旅行者来说，乘坐火车征服这片大陆实在是不可思议。

随着新铁路的出现，西部地区被征服了。旅行者们只需走入堪萨斯城新联合车站的火车车厢，两三天后就能置身于落基山脉、索诺拉沙漠和内华达山脉之外，来到有一大片棕榈树和海浪滚滚的繁荣小镇，这就是远近闻名的天使之城。

还有什么不喜欢的？洛杉矶发展壮大，一位名叫亨利·亨廷顿的铁路事业继承人继续大力推动铁路的建设。[2] 他于19世纪90年代抵达南加州，并开始迅速收购电车公司，其足迹遍布整个地区。他还收购了一家电力公司，来为其电车提供动力。在"协同"这个词诞生前的一个世纪左右，亨廷顿就已经是掌握"协同作用"的大师了。

他颇有远见，所作所为实际上是在为当时尚未出现的超级城市修建运输系统。亨廷顿经营电力公司和铁路事业时就明白了，最挣钱的是房地产。铁路行业的发展历史清晰地表明，有铁路的地方，附近土地的价格就会飙升，甚至连灌木丛地段都会变成优质地段。于是他在山麓小镇格伦代尔和帕萨迪纳购买了大量土地，一直开发到雷东多海滩，然后将它们与铁路线路连接起来。定居在这些地区的居民可以乘坐电车到市中心工作和购物。

对亨廷顿和其他几位投资者来说，越来越喧闹的生活并没有带来不适。不过，这场变革正面临一场巨大的破坏，这在很多方面与我们现在面临的情况类似。第一批汽车出现在20世纪初，1908年后，价格低廉的T型（Model T）汽车刚从亨利·福特的新装配线上推出，洛杉矶人就接受了它。1911年，为了满足当地日益高涨的需求，福特汽车甚至在洛杉矶市中心的第七大街建立了一家T型汽车生产工厂。[3] 到了第二年，洛杉矶每

第二章 洛杉矶：向托潘加峡谷缓慢前行

八个成年人中就有一个人拥有一辆车，这个比例是老牌城市纽约的两倍多。其中一些新汽车开始与亨廷顿的电车直接竞争。吉特尼的出租车在电车线上行驶，收取同样的费用——5美分，抢走了电车乘客。一个世纪后，同样的模式在数百个城市出现。通勤者放弃公共汽车和地铁，而选择拼车共享服务。

当洛杉矶人开车时，市中心就变得拥挤不堪。由于路边停放的车辆特别多，街道变得越来越狭窄，到处都越来越挤，当时的司机就像今天的一样，到处寻找停车位。仍然服务于大多数洛杉矶人的有轨电车被困在了车流中。正如理查德·朗斯特雷思在其对洛杉矶的研究《从市中心到区域购物中心》中所描述的那样，1920年，市议会通过投票来解决这一问题，禁止在市中心的街边停车。[4]

这引起了人们的广泛关注。《洛杉矶时报》警告说，如果人们不能在市中心停车，周边将会出现竞争性城镇，包括好莱坞和格伦代尔。那些竞争性城镇会发展出自己的剧院和百货公司。由于地价更低，所以那里将能够提供停车服务。这会掏空洛杉矶市中心。

不到10年，新秩序确立，难以撼动。汽车流行起来，房地产行业再一次推动了这种变革。因为人们现在都开车了，所以开发商将房子建在远离公共交通的地区。有车族选择搬到郊区。在这动荡的10年扩张中，洛杉矶利用起未开发的有轨电车网络之间的大部分土地。1927年，戈登·惠特诺尔——城市规划部门的主管,同时也是一名汽车爱好者——写道:"汽车在这里太普遍,几乎可以说轮子都成了南加州人身体的一部分了。人口已经开始流动。"5

从洛杉矶人的角度来看,这种转变令人担忧的一点是:历史可能重演。这并不是大家想要看到的结果,但这种趋势已经显现。从该地区普通百姓的角度看,这个过程很简单,这就是一种全新的出行方式。人们喜欢这种方式。这种潮流快速遍布全球,南加州也不例外。

美国南加州大学教授、洛杉矶前首席技术官彼得·马克思甚至认为,在南加州,汽车是主要物种,人类为之服务。当然,这只是一句玩笑话,但其逻辑是有道理的。

汽车似乎凌驾于我们之上。我们慷慨地付钱给它,即使它不工作,我们也会给它做清洁、打蜡。汽车偶尔工作一会儿,其余时间则在我们为其建造的位于昂贵地段的车库中睡觉。

在洛杉矶,人们每月都要花费数千美元在住宿上,其中许多人住在狭小的工作室和复式公寓里。这个城市面临无家可归的棘手问题,即超过5万人生活在上无片瓦的地方。相比之下,那些汽车"主子"却可以占据地盘免费停车。6 每辆车平均都有3个以上的停车处,有些车库比无家可归者居住的杂乱住所和帐篷更安全、质量更好。大洛杉矶地区的停车位大约需要200平方英里①,7 这是整个巴黎面积的5倍。8

---

① 1平方英里≈2.6平方公里。——编者注

第二章 洛杉矶：向托潘加峡谷缓慢前行

整个环境都是为这些四轮玩意儿而构建的。如果外星人来到地球，研究人类，他们可能会注意到，我们在海滩、田野、山里或身边环绕植物时似乎更快乐，但是这些美丽的环境对汽车来说是不适宜的（尽管作为广告的背景很有用）。一个世纪以来，就像琼尼·米歇尔唱的那样，我们给天堂铺上水泥，修了个停车场。9

为了强调我们对这些机器的顺从，让我来再补充一点：如果我们大意或是以傲慢的态度把它开进崎岖路段，这个机器还有可能使我们受伤或让我们送命。

*****

那么，在这本关于即将到来的出行革命的书中，我为什么要用一章来谈论这个标志性的汽车小镇？本书中讨论的其他三个城市显然意义明确：赫尔辛基有移动汽车程序；迪拜正在花费数十亿美元购买每一项新技术；中国，更确切地说是上海也绝不容小觑。

不过，洛杉矶似乎截然不同。洛杉矶县的高速公路扩张法提供了一个全球通用的模型。洛杉矶县有88个市，由数千英里的高速公路、车道、林荫大道、停车场和死胡同组成。这些都是过去的交通基础设施，跟今后的设施有什么关系呢？

问题的关键正在于此。洛杉矶，还有旧金山或巴黎这样传统的密集型城市,必须重塑自己。洛杉矶市的领导人,包括市长埃里克·加塞蒂发誓要开辟新的发展方式。他们说,洛杉矶在100年前就率先启动了机动化,它还可以再次做到。加塞蒂说:"我的目标以及这个城市的目标是,成为世界交通技术之都。正如我们看到的,这个挑战极其巨大。当变革来临之时,洛杉矶的改变可能会比其他大多数城市更具戏剧性,无论这一转变带来的结果是好是坏。"

先来看行驶里程。洛杉矶的所有司机加在一起平均每天行驶2.21亿英里,相当于从地球到太阳的往返行程,再加上去趟火星的距离。[10] 你可能会辩驳说,如果道路交通不那么糟糕,那么洛杉矶人的出行量会远远超过这个距离,甚至会是2倍或3倍。洛杉矶司机平均一年有100个小时都在堵车。[11] 通勤者们备受折磨。

因此,对于电动公共汽车制造商、飞行器设计者、拼车应用程序开发者、隧道公司经营者等形形色色的交通企业家来说,洛杉矶是一个巨大的市场。即将到来的变化必然会改变加州这个阳光明媚的城市的经济,改变其城市景观,也改变这里的生活。

在许多方面,洛杉矶的下一步可能是回到过去。克里斯托弗·霍索恩研究了这一历史。14年来,他一直是《洛杉矶时报》的建筑评论家。最近他穿过街道来到市政厅,在那里担任了新职位——首席设计官。他的工作是为城市设计新布局。人们在

第二章　洛杉矶：向托潘加峡谷缓慢前行

一个地方生活、工作、学习和玩耍，当然也会从一个地方搬到另一个地方。这使他得出结论：20世纪有两个完全不同的洛杉矶。在现如今这个新世纪，我们看到了第三个洛杉矶。

霍索恩说，第一个洛杉矶最初是一个传统的城市中心，浓厚的城市文化植根于此。那里同时也是亨廷顿电车线路的终点，是人们工作、购物的地方，也是剧院所在地。如今，你仍然可以看到洛杉矶最初的模样，从1939年建造的西班牙别墅风格的宏伟的联合车站，到市政厅的32层艺术装饰塔。

正如霍索恩所看到的，第二个洛杉矶是在第二次世界大战之后形成的。正如25年前《洛杉矶时报》的一位撰稿人担心的那样，洛杉矶已经扩展成一个有几十个较小市中心的多中心城区，所有这些城市都由高速公路网络连接起来。这是一个巨大的扩张。

曾几何时，这算是巨大的成功。好莱坞引领全球娱乐。在"冷战"期间的消费推动下，洛杉矶成长为制造业巨头和世界航空航天领域的领导者。洛杉矶的高速公路文化是其品牌的核心，即自由、阳光和开放。海滩男孩们唱着："她让我活了过来，她让我爱上开车。"

然而，公民精神和归属感在这一时期逐渐消退。当然，这种变化并非只发生在洛杉矶。但在洛杉矶，就像往常一样，这种变化来得更早，而且更极端。人们花更多的时间宅在家里和车里，聊天时间变少了，地区犯罪率猛增，可怕的案件在电视

031

上循环报道，街道也变得危险起来。在第二个洛杉矶，汽车是一个安全的空间，是一个防护盾牌。

现在霍索恩看到第三个洛杉矶正在兴起。[12] 在很多方面，它让人想起了最初的洛杉矶，那个洛杉矶以市中心为商业区，在那里，人们在电力火车和拥挤的人行道上相遇。在转变过程中，洛杉矶不会恢复到单一的市中心，但其人口确实越来越密集了，更多的人挤在空地上、住在公寓里。人口更集中后，人们对汽车的依赖反而更小了，拥有汽车的居民也相应减少。

这一转变已经开始。你可以在最知名的文艺聚集地或艺术区看到这一转变，这里离市政厅只需步行 15 分钟。曾经的古老仓库和小型制造工厂社区，如今新建起了画廊、咖啡馆、改造后的阁楼和新的公寓楼。人们骑自行车、玩滑板，或在人行道上漫步。第三个洛杉矶表现得更像一个传统城市。

洛杉矶需要做出新的交通选择，保证这种趋势的发展。这些选择包括熟知的人行道、自行车道、新的地铁线，以及一些前沿技术——想想自动驾驶的空中出租车和在隧道中穿梭的高速吊舱吧。

*****

在宽敞的市政厅办公室里，洛杉矶市市长埃里克·加塞蒂靠在沙发上，回忆起自己的第一辆车，那是一辆很耗油的 1975

第二章 洛杉矶：向托潘加峡谷缓慢前行

年款福特都灵。"就是这个。"他伸手拿起手机，快速搜索图片，指着一个边框上镶着假木板的庞然大物说道，"开这辆车要考虑每英里需要多少加仑汽油，而不是每加仑汽油能跑多少英里。"

1987年，加塞蒂过完16岁生日后，他的父亲吉尔（后来成为洛杉矶的地方检察官）买了一辆福特都灵开回家，并把它赠送给儿子。尽管很耗油，但是都灵代表了自由，在洛杉矶开它仍然很有趣。今天，这位市长说，洛杉矶有一些"令人惊叹的驾驶体验"，比如沿着太平洋海岸高速公路，或者沿着弯弯曲曲的穆赫兰大道开，托潘加峡谷仍然很漂亮。加塞蒂很难过，认为"只有2%的时间"是在这些令人舒畅的地方行驶，另外98%的时间都堵在路上，龟速前行。

在洛杉矶开车大都是在踩刹车。从圣莫尼卡到市中心的10号州际公路，东向高峰时段，车流以每小时9英里的速度缓慢前行，并不比一个骑自行车的6岁小孩快多少。事实上，如今洛杉矶的许多路线都比20世纪20年代慢，当时人们还在驾驶T型汽车。

交通堵塞使洛杉矶元气大伤。毕竟，在一个城市里生活和工作，最重要的是人与人之间的联系。在大洛杉矶地区，你可能在帕萨迪纳市讨价还价，在加州大学洛杉矶分校的球场上打网球，在博伊尔高地庆祝5周年纪念日，在马丽娜-德尔雷伊区一边喝酒一边幻想一出好戏。人们与其他人的互动就像一个城市的神经系统。为了工作，人们必须要出行。否则，为什么要付房租住在洛杉矶？你可以从别的地方通过视频通话联系他人啊。

几十年来，解决办法一直是拓宽高速公路，但这几乎总是徒劳的。早在1955年，社会评论家刘易斯·芒福德就嘲讽说，增加公路车道以缓解拥堵，就像松开腰带治疗肥胖，更多供应只会催生更大需求。最近的一个例子是耗资11亿美元扩建南北大动脉，即405号公路。这项工作花了4年时间，包括开辟一条穿越圣莫尼卡山脉的更宽通道。这条道路让焦躁的通勤者们穿越数英里错综复杂的道路。一旦完工，405号公路的延伸就会像以前一样缓慢。自2002年以来，特斯拉创始人埃隆·马斯克就一直住在洛杉矶，他在贝莱尔居民区的一次集会上惋惜道，即使405号公路做出了改进，前后差异也不过是"第七级和第八级地狱的不同而已"。

如果没有这种普遍对洛杉矶单一汽车文化的强烈不满，地方当局就没有希望改变交通。但即使是热爱汽车的洛杉矶人也明白，在可预见的范围内，第二个洛杉矶是不可持续发展的。2016年，选民们受够了现状，他们批准了一项措施，即提高燃油税，以便在40年里为交通支出提供1 200亿美元，其中大部分用于地铁扩建。[13]

加塞蒂将目标锁定在2028年洛杉矶奥运会，其办公室装饰着洛杉矶前两届奥运会的巨幅黑白照片。1932年的奥运会让洛

第二章　洛杉矶：向托潘加峡谷缓慢前行

杉矶高调亮相，并让这个城市留下了一座标志性的体育场。"冷战"高峰时期，1984年奥运会在洛杉矶举行，感觉就像一场胜利游行。首先，洛杉矶击败了纽约赢得主办权，大大鼓舞了当地人。接着，阳光开朗的美国体操运动员玛丽·卢·雷顿和短跑运动员卡尔·刘易斯夺得了多块奖牌（这在一定程度上要感谢苏联和东欧集团对奥运会的联合抵制）。1984年奥运会上，洛杉矶甚至想出了一种获利方法，从而赢得了创造经济奇迹的地区的声誉。《时代》杂志将那届奥运会的组织者彼得·尤伯罗斯评为1984年的年度人物。[14]

在加塞蒂看来，2028年举办奥运会时，第三个洛杉矶应该会充分展示发生巨变的城市交通。政府制订的洛杉矶地铁计划将在2028年奥运会前完成28个主要交通项目。这些措施包括，将地铁线路增加一倍，引进电动公共汽车，为穷人和残疾人提供电动乘车共享服务补贴，以及扩大自行车道和绿道。

市政府和县政府都在吸引大大小小的机动车制造商，无论它们是经营出租车队，还是运营空中出租车，抑或是建设电动公共汽车。加塞蒂说："说到世界各国的金融中心城市，首先你会想到纽约和伦敦。说到汽车城市，你就会想到底特律、慕尼黑和东京。但是，说到交通技术，哪个城市才是引领者？我希望是洛杉矶。"他提到，洛杉矶在航空航天领域占据领导地位，西部大道（所谓硅滩）上拥有500多家初创科技企业，还有两家超回路列车公司乐于进行测试。"我希望每个人都来这里尝试一下。"他说，"我想让洛杉矶成为可以烹饪一切的厨房。"

与此同时，他认为洛杉矶的铺装道路——覆盖了大部分地区的柏油路其实是一种资产。他说，这些道路还可以重新利用，部分可以改造成自行车道和人行道。他让大家"看看高架线"，也就是纽约市一段经过改造的高架铁路，现在是一个世界闻名的公园。

当然，许多道路仍将继续专注于当前的功能：用于行驶汽车。即使有了其他选择，短时间内洛杉矶也不会抛弃汽车。该地区拥有640万辆轿车和卡车，车辆平均使用年限为11年，许多车辆的使用年限要更长。[15] 因此，即使洛杉矶人今天集体停止购买汽车（但这并不会发生），在2028年奥运会前夕，仍将有数百万辆汽车在洛杉矶行驶。

该想法的目的不是要摆脱汽车，而是要结束汽车单一文化，给人们提供更多的选择。这种情况下，这个城市将变得更加绿色，模态将更加多样化。洛杉矶的这一部分愿景听起来与赫尔辛基、上海和世界各地数百个其他城市并无二致。

然而，在洛杉矶，有一个问题很突出：尽管当地正花费数十亿美元修建新的地铁线路并扩大公共汽车服务，但人们并没有乘坐公共交通的大趋势。只有7%的人乘坐公共交通工具。[16] 更糟糕的是，这一数字一直在减少。数据显示，该地区越来越多的贫困工人放弃乘坐公共汽车和火车，转而购买二手车。

这就是经济成功的负面影响。自从汽车出现以来，洛杉矶的公共交通就像世界上许多以汽车为中心的地方一样，主要服务于下层阶级，包括许多买不起私家车的人。而现在，在该市领导人试图摆脱汽车经济之际，越来越多的洛杉矶人才刚加入汽车经济，这加剧了交通拥堵。成千上万名优步和来福车司机也在街道和小路上穿梭，寻找乘客。虽然做了几十年的防霾工作，但2016年和2017年洛杉矶的空气反而变得更差了，臭氧量排名甚至是全美最高。[17]

加塞蒂把这些归结为一个几何问题。他认为，当数以百万计的人试图从A点到达B点时，"他们都处在同一平面上"。该平面就是地表，上面铺满了纵横交错的道路。

要想象一下现状的局限性，想一想所有在市政厅大楼工作的人。他们分散在32层的楼里，因此不太拥挤。但是，其中大多数人都是在高峰期上班的。至少在高峰时间，沿着同一条高速公路行进，被困在一个平面上。直到后来，才通过立体空间缓解这种人与人之间的拥挤现象。加塞蒂建议，解决拥堵的一种方法是，在地面上方和下方增加新的交通平面。

*****

对于塞莱塔·雷诺兹而言，发展城市空中交通并不是当前的紧迫问题，埃隆·马斯克的无聊公司（一家钻探公司）开始挖掘的隧道也不是（我们将在第六章中介绍）。雷诺兹领导着洛杉矶交通部,其工作重点是数百万人的交通,其中大多数人是通过传统交通方式出行的。她想得更多的是为无家可归者提供体面的出行方式,而不是担心开保时捷或者兰博基尼的人如何上天入地。

雷诺兹来自密西西比州,毕业于布朗大学,获得了历史学位。她从旧金山来到洛杉矶,在旧金山她曾担任市政交通局的经理。她的部门掌管宜居街道,她负责启动海湾地区的共享单车计划。2014年,市长加塞蒂将她派往洛杉矶担任交通运输高级官员。现在,她看到这座城市正经历着一个至关重要的转型,就像一个世纪前从有轨电车到汽车的转型一样。那时,营利性公司用取之不尽的美元储备来促进和增加政治杠杆,利用诱人的技术向公众出售汽车。一旦公众购买,就上钩了。于是,政府就沦为为驾车者服务的机构:为驾车者建造高速公路,确保他们有地方停车。总之,政府向汽车投降了。

多年以后,正如雷诺兹所见,洛杉矶有了第二次机会。科技企业家们承诺要进行一次变革,即发展廉价、绿色和有趣的出行方式。但从雷诺兹的角度来看,如果政府不介入,不对这一新的交通系统进行控制,那么未来城市的形状和性质的决定权将落到技术专家手中。在这种情况下,他们将选择满足自己的需求和底线,而非洛杉矶1 800万人口的需求和底线。她说:"我们可能会重蹈一个世纪前的覆辙,我们调整城市来适应技术,而不是让技术适应城市。"

第二章　洛杉矶：向托潘加峡谷缓慢前行

　　雷诺兹最注重社会公平。洛杉矶的邻近地区都是交通沙漠。她举了博伊尔高地的例子，那是一个靠近市中心的墨西哥裔美国人聚居区，被高速公路包围。她说："如果你住在那里却没有车，你就被困住了。"那些无法高效和以可承受的价格跨区出行的人就会失去机会。他们很难去职业学校学习或参加面试。整个就业市场对于他们来说遥不可及。这种趋势会随着时间的推移而愈加恶化。穷人迁移到租金便宜的社区，在很大程度上，是因为他们只能负担得起这种社区，而此地之所以租金低廉，就是因为交通出行实在是太糟糕了。在交通沙漠中，穷人变得更穷，许多人甚至无力支付租金。这反过来又加剧了洛杉矶无家可归者变多的现象。

　　这一问题最有效的解决办法是，让洛杉矶人摆脱对汽车的依赖。洛杉矶地铁公司通过急剧扩展线路网络来实施这一战略。计划要求将新建路线延伸到机场，其他路线则将连接市中心至好莱坞和位于韦斯特伍德的加州大学洛杉矶分校。根据计划，等到洛杉矶纪念体育场点燃奥运火炬时，洛杉矶县将拥有美国第二大城市火车系统，仅次于纽约。

　　对于出行革命的呼吁者来说，这似乎有些倒退。如果埃隆·马斯克的地下网络启用，如数据包般围绕着洛杉矶人，那么谁会来乘坐地铁？自动驾驶舱、下一代无底座电动自行车和空中出租车又如何呢？像雷诺兹一样，洛杉矶地铁的首席执行官菲尔·华盛顿认为，公共交通是第三个洛杉矶的主要干线和分支，电动滑板车、自行车和共享汽车共同作为连接线。他的逻辑基于从地球到太阳往返的行程。他说，数以百万计的人必须有很大一部分路程相同，否则，如果每次旅行每条轨迹都只有一个人，那么下一阶段的交通可能会比塞普尔韦达山口405号公路的高峰时刻还要糟糕。

从菲尔·华盛顿的角度来看，公共交通与所有交通企业家之间的竞争是不公平的。洛杉矶的地铁与其他公共机构一样，都肩负着为所有人服务的使命，这使成本急剧增加。例如，在美国，1990年的《美国残疾人法案》规定了普及公共交通的途径。地铁必须花钱购买能从路边吊起轮椅的公共汽车，并为车站配备坡道和电梯。它还必须提供到偏僻社区的交通服务，方便那些没有智能手机呼叫优步的人。建设这些设施是十分昂贵的。它为需要帮助的人服务，而交通企业家却可以轻轻松松忽略那些人。雷诺兹说，这些新参与者"正在我们的基础架构上建立业务，可我们什么回报都得不到"。

更糟糕的是，如果新的私有服务无序腾飞，每个都争先恐后地发展自己的利基市场，那么它们将通过以低廉价格出售交通服务的方式来占领市场份额。一个世纪前发生这种情况时，政府没有起到作用，最终推动了汽车单一文化。至少在第一个阶段，这些汽车有权污染空气、胡乱加塞、乱按喇叭，甚至还会取人性命。

像大多数市政官员一样，雷诺兹希望避免重蹈覆辙。她不仅要监督交通，而且要管理交通。这并不容易，因为广阔的洛杉矶县被分割成数十个相当独立的城市。与美国大多数运输机构一样，地铁并不是特别受公众欢迎。车主们很少坐地铁，不过他们倒是希望其他人选择坐地铁出行。

然而在洛杉矶，就像在世界各地的城市一样，有人及实体将监督和管理我们的出行。某些地方比其他地方发生这种情况的可能性更大。但是，这种控制是互联移动的本质，也是一种前景，是实现更清洁、更安全、更便宜和更快捷交通的关键。未来的政治斗争将不仅着眼于控制的程度，还会着眼于由谁来控制。政府肯定会与企业展开争夺，而关键因素将是数据。

未来几年中，几乎所有运输工具都将连接到一个网络系统中。大多数已经处在网络中了。但是就像我们在赫尔辛基看到的那样，在洛杉矶，数据在不同线路中传输。就像随处停放、即骑即走的 Lime（共享出行创业公司）单车一样，地铁也开始计算有多少乘客。手机公司可以跟踪用户的行动轨迹，谷歌和脸书也一样。越来越多的自动驾驶汽车上路，每一辆都会产生大量数据。

然而，目前还没有人可以访问整个出行数据。这也许是未来时代的终极宝藏。控制数据的人将能够管理行动和行为，并根据这些行动和行为建立业务。洛杉矶在 2019 年迈出了第一步，建立了共享单车和滑板车服务的数据库。这将使官员能够跟踪这些车，并与公共交通协调。这个通用数据标准现在被称为

"MDS",即出行数据规范(Mobility Data Specification)的简称。

控制联网交通的关键是数据。但谁将拥有这些数据呢?会有一个占主导地位的玩家——也许是像谷歌这样的公司——成为真正意义上的出行平台吗?

洛杉矶政府的策略是让城市控制数据,并与其他玩家分享其需要了解的那部分数据。从雷诺兹的角度看,能声称关注每个人的除了政府还有谁?

实际上,洛杉矶的交通官员几十年来一直致力于优化交通。坐电梯下到市政厅的地下4层,穿过一系列安全屏障,你会看到自动交通监控室中满墙都是电视屏幕。该监控室是为1984年的奥运会设立的,最初由联邦政府资助,提供洛杉矶数百个十字路口和问题点的视频。早在1984年,数据分析还相当原始——人们是从电视里看到交通堵塞的画面的,应对工具也不完善。他们可以在发现问题的地方延长红灯或绿灯,或者在严重情况下,让交通警察赶到现场。

而现在,监控网络已经扩展到4 700个交叉路口。除了图像外,传感器还会发送有关交通状况的详细报告,比如过往车辆的数量、车速、行人流量。人工智能引擎通过这些信息进行调整,优化流量,优先考虑大众交通。例如,如果一辆经过东好莱坞的公共汽车晚点了,计算机就会自动控制北佛蒙特大街上的信号灯,使其加快速度。

随着时间推移,系统将试图协调越来越多的车辆,无论是

第二章 洛杉矶：向托潘加峡谷缓慢前行

公共交通工具还是私家车辆。例如，自动驾驶汽车将沿着最有效的路径行驶，并在接到通知时立即改道。交通灯会向其他汽车，以及骑自行车的人，甚至行人发出闪光的路线指示。

正如我们将在迪拜看到的那样，监视和控制仍然是小事一桩。与迪拜这类城市不同的是，洛杉矶正试图管理数百万将驾驶与自由联系在一起的人，这些人常常对政府表示怀疑（甚至蔑视），他们可以在选举中反抗那些激怒他们的官员。

*****

在海滨城市圣莫尼卡繁忙的人行道上，一辆伯德公司的黑色电动滑板车倚靠在一棵棕榈树上。某个秋天的晚上，圣莫尼卡市的初创企业伯德公司在当地从摩天轮码头一直到布伦特伍德镇一线的8平方英里范围内，随便扔了几百辆电动滑板车，开始了自己的生意。居民们在第二天早上停下来查看这些两个轮子的东西时，发现了一个智能手机应用程序的链接。那天早上，许多人下载了伯德应用程序，开始用手机激活电动滑板车。（租车协议中有一个条件，即骑行者承诺要戴自行车头盔，但居民们公然违背了这一承诺。）他们每骑一次就付1美元，外加一分钟15美分，除了质疑"它能把我带到目的地吗"，他们几乎没有其他疑虑。而这一问题的答案是肯定的。

《华盛顿邮报》报道，在伯德滑板车空降到圣莫尼卡的第二天，该公司的创始人特拉维斯·范德赞登——一个圆脸的年轻人——就在领英上联系了圣莫尼卡市市长特德·温特尔，邀请他到伯德公司总部参观，那里离市政府仅几个街区之遥。在总部，他们可以讨论该公司在该地区的出行战略。

一开始市长告诉他，有些法律问题要讨论。毕竟，伯德公司从来没有要求授权，更不用说与城市讨论安全问题，或者人行道与停车场的占用问题了。对此公司没有报以嘘声。

没过多久，人们就认出了一个熟悉的模式。结果表明，范德赞登曾是来福车和优步这两家出行服务公司的高管。优步的做法是先启动服务，然后再敲定法律细节。这有一个无可挑剔的逻辑。一旦一家提供出行服务的新兴企业获得了大量资金，它就能从风险投资人那里吸引数百万美元。然后，它可以用这笔钱雇用大批律师，并与城市和谐相处，获得合法性。关键就是，要作为受欢迎的新贵而不是乞求者来参加这些谈判。

伯德公司在圣莫尼卡成立的那一天，范德赞登还只有一小轮天使投资为公司提供资金，但情况很快就改变了。[18] 几周内，他就吸引到了 1 500 万美元的风险投资资金，此后不久又吸引了 1 亿美元。2018 年初，公司同意支付给这座城市 30 万美元罚款，当时公司估值已超过 10 亿美元。这时，圣莫尼卡的罚款对范德赞登来说不过是九牛一毛。他有一个热情的客户群，计划把公司服务扩张到全国范围，以拥有可怕的巨额财富，这样城市就会自担风险接纳他。

这种模式延伸到了整个科技经济。亚马逊、谷歌和脸书像是伯德的巨型版本。它们首先以低成本或免费的方式向数十亿人提供有价值的服务。在很大程度上，它们早年没有受到政府规章的约束，不断扩展服务，其市场资本化比整个工业经济体还要大。旧金山的共享滑板车公司 Spin 的联合创始人方友运在《副新闻》(Vice News)的一篇专栏文章中称，这种做法"在监管方面有所创新"。[19]

更重要的是，由于这些技术公司提供的服务，它们往往比政府更受民众的欢迎和信任，甚至被广泛认为是必不可少的。通常情况下，当某些事情出了差错，比如它们的自动机器导致了人身安全事故，或者某个技术平台被用来散播谎言或操纵选举，政府就可以开始对其进行监管了。但到那时，科技公司可以凭借其庞大的客户群、雄厚的广告实力和浩浩荡荡的游说大军进行反击。

这种先建后修的模式可能会在出行革命中造成灾难，特别是在像洛杉矶这样的汽车城市。雷诺兹展望到，以后会出现自动舱，像滚动的休息室一样，以低廉的价格载着人们兜风。这些自动舱可以是小酒吧或餐馆，或是可以连接虚拟现实的游戏舱，甚至可以是提供丰富种类的加州合法大麻的吸烟室。天空可能布满了黑压压的无人机，有些无人机飞越圣莫尼卡山脉，只是为了买玉米饼或一卷卫生纸。

如果政府不能用税收和法令来控制它们，廉价且无处不在的出行服务可能会压垮整个地区，就像汽车那样。

*****

尽管如此，在经历了一个世纪的汽车单一文化之后，该地区的出行革命也为解决洛杉矶一系列严峻的挑战提供了机会，包括无家可归问题。根据房地产数据库公司 Zillow 的说法，南加州的中等收入家庭，必须付出其收入的 46.7% 这一惊人代价才能租到中等价值的住房，这是全美国租金最高的地方。[20] 约13 万户家庭由于无法负担这笔费用成为暂住人口或流浪汉。这场灾难最生动的展示就是被称为"贫民窟"的洛杉矶帐篷城。它位于市中心和艺术区之间 1 平方英里范围内，居住着大约 1 万人，条件恶劣。

正如我们前面提到的，在许多方面，洛杉矶的城市结构是汽车友好型，而非人类友好型。但是，随着洛杉矶人找到了其他出行方式，其中的许多人将留下汽车时代的遗产——车库。风险投资家史蒂文·迪茨最近创办了一家名为联合住宅的初创公司，并把公司总部设在圣莫尼卡。该公司计划将闲置车库改造成经济适用房。他说，若有较好的激励措施，这将极大地扩大洛杉矶的住房供应，减少其百年来的扩张。

它甚至不需要等待空中出租车、超速地下列车或未来出行时代的其他奇迹。不久前，在南加州大学任教的迪茨让其学生

第二章　洛杉矶：向托潘加峡谷缓慢前行

在洛杉矶居民区登门拜访，以了解人们在车库里存放的东西。一项对 700 个住宅的研究显示，所有住宅都有两个车库，只有 8% 的房主将其汽车停放在车库里。"其余的人都把汽车停在车道上，用车库来存放东西。"迪茨笑着说。

"这个办法可能奏效。"回到办公室的加塞蒂市长说。他做了一些快速运算，说道："我们在洛杉矶有 50 万个单一家庭住宅。如果他们中有 10% 能改造车库，那将是 5 万套新住房。"

房地产机会早已不局限于家庭车库。目前，洛杉矶国际机场正在建造一座拥有 4 500 个停车位的停车场。但是当旅行者用别的方式到达机场时，比如乘坐地铁、共享汽车或者空中出租车，那么这些停车位可能就无人问津了。考虑到这一转变，洛杉矶国际机场首席创新官贾斯廷·埃尔巴奇表示，新的停车场将被设计成零售店或住宅。他说："我们正在将场地弄平，把天花板加高。"埃尔巴奇的团队没有将坡道建在停车场内部，而是将其建在外部。时机成熟时，昔日的车库可以将此坡道丢弃。

这就是洛杉矶即将发生的出行革命。一如往常，这也是一个房地产的故事。每一块土地的价值和用途，在很大程度上取决于人们如何到达那里，以及他们可以从那里到达何处。有轨电车时代如此，汽车主宰的时代也是如此。而现在，不断变化的出行方式将再一次重塑南加州的生活和地理。

第三章
800 匹电马

1896年初夏的一天，底特律巴格利街上的居民听到了可怕的撞击声。声音来自一间租来的车库，一位名叫亨利·福特的32岁工程师在该车库里装配了一件新作品，即由汽油驱动的"四轮车"。令他十分沮丧的是，车库门太窄，他无法把车弄出去。因此，福特操起一把斧头，对着砖墙一顿猛砸，给他那个"无马的马车"拓宽了出路。

福特车库的喧嚷声宣布了人类出行新时代已经到来。但是从制造业角度看，我们所熟知的汽车工业直到1908年才诞生，当时福特在附近的高地公园开设了第一条装配线，开始量产T型车。这标志着制造业作为一门工程科学开始飞速发展。从那时起，全球汽车工业不断地微调福特的原始工艺，提高效率，以数十亿美元的价格生产数百万台极其复杂的机器。这绝非易事，它几乎在20世纪人类社会的所有方面都留下了印记。

汽车工业是人类组织的胜利，同时也为我们未来的进步提供了模板。汽车公司把近乎无情的效率和一成不变的流程做到了极致,从而攻克了其中的难题,优化了每个必要的步骤和动作。在工厂围墙之外,街道和学校可能混乱不堪,但汽车制造厂成了秩序的缩影。

现在,工厂的同步标准正在影响我们的生活。为了解个中缘由,想象一下福特汽车公司的一位早期工程师,一只手握着秒表,另一只手拿着写字板,对生活在2020年左右美国居民区的人员流动进行效率审查。在大多数私家车道或车库中,他会发现一辆停放的汽车,有时候是两三辆。这种闲置简直可耻。一辆大到可以拖动一两头小母牛的皮卡开到7-11便利店门口,一两分钟后,司机走出便利店却只带出一杯热气腾腾的咖啡。浪费还不止于此。巨型公共汽车轰鸣着行驶在林荫大道上,上面却没有几个乘客。即使在空无一人的十字路口,它们也会停下等红灯,消耗着燃料,浪费着时间。如果工厂像这样浪费,不出一个星期就会关门倒闭。

汽车时代的第一个世纪,工厂内部大量生产,工厂之外大肆浪费,两者完美契合。我们浪费越多,消耗也就越多,正是这种需求维持着工厂运转。但是现在,我们正以完全不同的思路看待这种具有百年历史的现状。实际上,浪费的大幅减少为出行革命创造了许多至关重要的机遇。"如果你想想我们正在建造的东西,"罗伯特·斯卡林格(我们将在后文读到与这位汽车制造商有关的内容)说,"那就是将效率运用到交通运输中。"

为此，该工厂的方法被介绍到世界其他地区。

一切都围绕数据。长期以来，工厂就是如此。工业管理的基础包括了解所有事物——每个组件、每个工人、每个机器——所在的位置，然后规划每个人的计划和行动。早期，工作人员将这些数据记在分类账簿上。而在当今的制造业中，数据每秒都像流水般流向功能强大的分析程序。该软件不断接收数据，从而优化工厂中的每一个程序。这就是它的工作。

无处不在的数据开始推动出行经济中的类似过程。大部分时间里，我们通过与手机进行位置和目的地的信息交换来实现这一过程。随着成千上万个新传感器渗透到即将到来的新一代汽车、公共汽车、高速公路和交通信号灯中，当今的数据流将泛滥成河。与工厂中的数据一样，这些数据将越来越多地用于优化引擎。最后我们会发现，自己在高效的公路上穿梭，就像挡板和滚珠轴承一样，从遥远的供应商一路来到流水线上，组装成一辆辆丰田汽车或道奇公羊皮卡。

这种出行经济有望大大提高效率。矛盾的是，尽管福特主义实现了大规模生产，但我们社会中的类似效率将降低我们对汽车和卡车的需求。我们将可以用更少的车从一个地方到达另一个地方。

这并不是说汽车会消失，只是说人类会更好地利用它们。未来，越来越多的人会共享、租用汽车，甚至有可能乘坐汽车飞行——但许多人不会购买汽车。这将对汽车工业（全球工业经济的重要支柱）产生深远影响。

对于汽车制造商来说，其中的道理太简单了。假如我们设法将每辆汽车的平均使用率从目前的5%提高到仍然令人沮丧的7%，情况会如何？大部分情况下，邻居都会同意拼车。其中一个家庭决定只需要一辆汽车，而不是两辆。如果有许多人都这么想，不管是由于拼车，还是自动共享乘车或大量新滑板车的出现而产生的想法，都可能使全球汽车中的很大一部分变得多余。普华永道的一项研究估计，到2030年，欧洲和美国将减少1/4的汽车总量，合计1.38亿辆。[1]这项研究还预测中国将增加1亿辆汽车。

这就引出本章的一个中心问题：为什么会有人想在2020年后的10年里，在欧洲或美国成立一家新的汽车公司？这不合常理，至少目前可以这么说。

*****

21世纪著名的汽车企业家中，首先要欣赏的东西之一是他们所具备的延迟满足[①]的天赋。一个聪明的孩子可以在其宿舍里创建一个电话应用程序，并在数周之内开展通话业务。建立一个新的汽车公司是一项更加需要小心的冒险，这种谨慎十分

[①] 延迟满足指的是，人们放弃眼前立即可获得的奖赏，以获得之后才实现的奖赏的过程。——译者注

磨人，而且对于大多数人来说，这是非常昂贵的。

问问斯卡林格就知道了。这个佛罗里达人比脸书的创始人马克·扎克伯格大一岁，但是其职业道路和扎克伯格几乎没有什么不同。大学时代，扎克伯格就建立了自己的巨型数字化企业，赚了数十亿美元，并经受住了关于隐私和操纵选举的风波。阿伦·索尔金创作的传记片的主题就是扎克伯格的早期职业生涯，那是一部老电影了。

斯卡林格专注于物理世界，事业才刚刚起步。自奥巴马的第一个任期以来，斯卡林格一直在经营自己的新电动汽车公司，该公司现名为里维安。2018年夏日的早晨，斯卡林格尚未获得第一笔收入，更不用说看到第一辆里维安汽车驶出生产线了。他早年省吃俭用，最近却花了很多钱。在密歇根州普利茅斯杂乱的总部，斯卡林格雇用了设计师、程序员和工程师团队。他还在伊利诺伊州诺默尔的大型装配厂招贤纳士。在加利福尼亚州，他高价雇用了一个软件团队。截至2020年，所有这些活动和支出已经持续10年。他们希望2020年能出售里维安首款电动SUV或皮卡。

在电动汽车市场上首次亮相可能是里维安唯一的机会。在汽车行业中，建造一条汽车生产线可能要花费数亿美元，因此这一行业很少有初创企业。如果失败一次，它们很少会获得进行第二次尝试的资金。那些创业者说，在硅谷，你会因为失败而得到回报，但在汽车行业不是这样的。因此，对于里维安而言，2020年将成为公司关键的一年。

斯卡林格身材高大，沉默寡言，散发着地中海人的特色，戴着一副黑框眼镜，从小就梦想建立自己的汽车公司。尽管困难重重，但他还是成功了。然而，这样做的回报是在一个吞噬现金并源源不断提供濒死体验的行业中工作，这还是光景好的时候。旧金山出行风险投资公司Trucks的首席执行官赖利·布伦南认为，包括斯卡林格、马斯克在内的新汽车企业家，都是"在灭绝边缘跳舞"。他补充说，尽管大胆、自信、不负责任的马斯克可能是这一代的媒体明星，但相比之下，说话轻声细语的斯卡林格"才是可以让人托付终身的人"。

最近一个夏日的早晨，斯卡林格蜿蜒驶过许多笨拙的电动卡车和SUV原型车，以及一堵画着艺术家对自动舱的构想的墙，穿过里维安在密歇根州的总部。他正在讨论蓬勃发展的全球汽车行业。尽管人们滔滔不绝地谈论出行革命和即将到来的经济萧条，但汽车行业仍在赚取巨额利润，并不断创造着生产纪录。绝大多数新车都是由汽油驱动的。亨利·福特会笑着鄙视这个行业。

斯卡林格掏出手机，搜索有关马匹的数据。"你认为我们什么时候达到马匹经济的顶峰？"他问道。合理的答案可能是1910年，那时福特开始量产T型车，或者可能是那之后的5年，当时内燃机的轰鸣声和汽车喇叭的"嘀嘀"声正在改变着城市的背景音。除了边远地区的农民和顽固的骑手外，1915年谁还会选择一匹马？

斯卡林格在一个名为Cowboy.way的网站上找到了答案，并高兴地指向屏幕上的图表。1910年，美国马和骡子的数量刚刚超过2 400万匹。随后10年中，即使新兴汽车行业不断发展，马匹行业也继续扩张，于1920年达到了2 600万匹的最高水平。斯卡林格说："那是顶峰。"

他的观点是，新事物很少在一夜之间取代旧事物。人们的习惯、国家的基建以及社会的经济支持着传统技术的发展。1920年T型车的价格为550美元，相当于今天的8 000美元。马匹便宜很多，而且当时的人们喜欢马，就像今天很多人喜欢传统汽车一样。

因此，用了10多年人们才逐渐完成过渡，而在农场，过渡时间更长。新旧混合期间，养马场确实也有生意。同样，一个世纪后汽车巨头牟取暴利时，包括马斯克的特斯拉、Alphabet（谷歌母公司）的Waymo和斯卡林格的里维安在内的众多电力化、网络化、自动化的新兴汽车企业，都在为取代前者而努力。斯卡林格说，"这是大型汽车的巅峰时期"——也是痛苦萧条之前的最后一次狂欢。

但是，为什么老牌汽车制造商不创造联网的电动汽车，并将其逐渐升级成带着我们疾驰的自动驾驶交通工具，最终在汽车发展的下一阶段取得成功呢？传统汽车制造商的制造能力没人能比得上。虽然像凯文·辛格的Divergent 3D这样的新技术可能会为全球的生产商提供商机，但有理由认为，要运送全球80亿人口，其中许多人仍然依赖汽车，甚至有人迷恋汽车，所以汽车的批量生产仍将发挥其作用。

斯卡林格说，关键问题并非是否有批量生产车辆的地方，而是我们将需要多少辆汽车，以及愿意为此支付多少钱。他预测，一个看起来更袖珍、更紧缩的市场将惩罚这些巨头，并为里维安这样的新来者开辟道路。

要了解优胜劣汰在汽车行业的疯狂图景，可以想想以下情景：我们写作本书时，仅在中国，就有数百家初创企业正在生产新的电动汽车，其中一些比里维安大得多，即使只有一小部分得以幸存。[2] 也许还有另外十几家制造商将在争夺低价格、高性能以及较长电池寿命的同时寻找商机——而这一切可能发生在西方汽车市场的萎缩期。斯卡林格选择的行业正进入一个间歇期。

把目光收回玻璃幕墙会议室，斯卡林格在白板上绘制了柱状图以解释市场动态。最高的柱子看起来像纽约的一座瘦高的有100层的新摩天大楼，他用整洁的对角线网格填充到4/5的高度。他说，整个柱子代表的是车主在交通上的平均支出。在20世纪，最大的份额（他白板中演示的网格）已经交给了制造商。实际上，福特、大众或丰田的汽车都不便宜，绝大多数人不得不贷款购买。

汽车巨头独占了交通运输业的大头，只留下蝇头小利给那些提供汽车服务和汽车装备的公司，比如 Midas（汽车维修公司）或 Europcar（汽车租赁公司）。大型汽车公司，例如丰田，年销售额为 2 600 亿美元。尽管优步的出现重新定义了汽车行业的发展前景，但相比之下只能算小巫见大巫，它的年销售额只有 74 亿美元。

斯卡林格认为，未来几年中，服务公司将有机会迅速增加运输收入中的份额。他画了一个较小的柱子，并在画了一条对角线后填充了一半，以代表未来的汽车消费。他认为，我们将来在汽车运输上的支出越少，为制造商背书的份额就会越少。这是因为拥有汽车的人会越来越少，这就好比在 Netflix 和 Spotify 时代，购买电影或音乐的人数也在下降。出行将越来越成为一种服务。"如果你从事资产出售业务，那么你的业务将萎缩。"斯卡林格说，"如果你提供运营并使用数据，那么你的业务将扩大。"

为了说明这一未来汽车行业的运作原理，他建议进行一次思想实验。他说，想象一下，你面临一个艰难的选择：你必须选择一套衣服——一身行头，未来 4 年里你每天都要穿这套衣服，没有其他选择，你会选什么？

如果你想四处走动，例如修剪草坪或打网球，那么应该选择宽松、休闲、耐用的衣服。如果天气炎热，长袖可能会太闷。同时，你可能不想穿结实的连帽衫去上班，更不用说在女儿的婚礼当天穿一身休闲装陪伴她走进教堂了。对世界上大多数消费阶层的人来说，每天在多种场合下都穿着一身相同的衣服是一种不切实际的想法。

但我们对汽车却正是这样。停在我们车道或车库中的那些昂贵机器代表了一种出行方案。我们将拥有这一出行工具很多年。大多数人使用相同的奇特装置——不管是去买一小杯冰激凌还是50磅重的化肥，甚至是去黄石国家公园或布拉格，都只有一种选择。

根据斯卡林格的说法，在不久的将来，我们每个人选择出行工具就像从衣柜里挑衣服一样，每种都有其适合的特定场合。例如，开车从巴黎到马德里，我们可能想要一辆舒适的汽车，车里有可倾斜的座椅以及巡航控制系统，座椅后面有为孩子准备的电视屏幕和基本的自动控制系统——如果我们迷失在比利牛斯山脉的某个地方，这个系统能将我们带回正轨。这就是为什么这么多人倾向于购买大型SUV，尤其是在汽油价格便宜的经济体中。但是，当仅在镇里活动时，我们的需求就大不相同了。时间、价格规则以及舒适度变得几乎无关紧要。斯卡林格先是考虑了一会儿拼车，随后他提出了第三点要求。他说："不希望它有难闻的味道。"

他认为，最终我们将可以拥有各式各样的车辆，并能在需要时选择最合适的一辆。共享乘车的出现只是向这种选择前进的第一步，而且对于许多人来说，这意味着不必拥有自己的汽车。斯卡林格说，从拥有转向订阅——从单一出行工具转向琳琅满目的选择——将会促使我们重塑整个汽车行业及其商业模式。

同时这也必将给制造商带来痛苦。首先，车队运营商和新服务公司的生态系统将收取汽车行业总收入的很大一部分。意识到这一点后，汽车巨头正在将自己定位为运营车队，这些车辆最终将装备自动驾驶系统。但是，无论由哪个公司运营车队，它们都可以确保资产运营效率远高于我们车主。如果车队每天平均行驶8个小时，那仍然是普通驾车者频率的6倍以上。

还记得想象中的那位手拿秒表和写字板，被我们车道上闲置汽车的数量所震惊的福特工程师吗？随着服务行业的兴起，他所看到的这种情况将有所减少。效率的提高意味着汽车巨头的销量下降，或者批量生产商的产量下降，工业界可能因此陷入悲惨境地。

现在，让我们暂时忘记批量生产商，让它们自己来解决问题（我们将在下一章中重新介绍它们）。既然斯卡林格概述了即将到来的战斗，那么更重要的一点是他计划如何从中获利。

*****

里维安总部在底特律的工业郊区，大约位于从城市中心到安阿伯大学城的中点。总部的设施看起来有沃尔玛超市那么大，配有一个巨型停车场。里面的大多数房子看起来像一个个工业设计工作室,周围散布着电动汽车和卡车的模型。

在公司的总裁办公室,斯卡林格靠在椅子上,讲述着自己的故事。听他讲话,你会以为他沉迷于金钱。因为金钱这个主题一次又一次地出现,他每一个问题都会涉及,但这不无道理。当你的目标是建立新的汽车公司时,金钱就像食物或氧气。金钱意味着可能性和可持续性。即使对于小众汽车制造商而言,融资规模也是用10亿美元来计算的。

2018年的这个夏日,斯卡林格公司的融资规模只有这个数目的一半,换句话说就是5亿美元,其中大部分来自沙特阿拉伯企业集团阿卜杜勒·拉蒂夫·贾米尔。但是,这些钱足够他推出自己的电动汽车品牌了,如果幸运的话,这个品牌可以像福特、保时捷以及其他品牌一样,在这个日渐萧条的行业中幸存下来。

斯卡林格说,早在1993年,也就是他10岁的时候,就萌发了建造汽车的梦想。有一天,他得知佛罗里达州可可比奇的一位邻居正在改装他的经典保时捷。于是斯卡林格一头扎进车库里,在那里度过了无数个下午,全神贯注地学习汽车知识。

像许多出行初创企业中的人一样,包括Divergent 3D的凯文·辛格,斯卡林格也成了一个汽车狂——还是非常聪明且雄心勃勃的那种。他对汽车的热爱不像你在领英个人资料中所读到的那种描述人际关系间或者客户管理过程中的"热情"。数以百万计的人对汽车的热爱是真实且发自内心的。自斯卡林格第一次踏进邻居的车库以来,他就一直有这种感觉。

斯卡林格说，高中毕业后，他的目标既简单又长远。其目标是制造下一代汽车，使它们成为更智能、更高效的机器，更适合这个拥挤且饱受污染的星球。为此，他需要一家公司。要经营这家公司，他需要钱。为了获得这笔钱，他需要从高等教育中获取知识并且找到自己的师门。他用工程师般逐步递进的逻辑这样表达。"我专心上学，是为了给自己提供选择的机会。"他说，"我想通过学习不断进步，使自己能够筹集资本。"他选择了纽约州特洛伊市的伦斯勒理工学院。

正是在斯卡林格的大学时代，公共互联网呈现出爆炸性增长。美国在线和雅虎，以及其他数百家互联网公司，都淹没在投资者的金钱海洋中。他的许多同学都理所当然地转行互联网领域和软件工程中吃香的领域。但是斯卡林格却还是无法自拔地迷恋着汽车。在数字经济意味着金钱的时代，交通运输业的移动分子似乎显得有些复古、肮脏和无聊。

尽管如此，汽车行业仍然充满了机遇和研究经费，仍然是一个规模达2万亿美元的产业。申请研究生院时，斯卡林格收到了许多学校的录取通知书，但最终选择了麻省理工学院斯隆汽车实验室的博士学位课程。

对于想要生产新一代汽车的人来说，几乎不可能想象还有比斯卡林格21岁时在麻省理工学院发现的更好的舞台。通过斯隆汽车实验室，汽车制造商主动资助了斯卡林格对于行业未来的研究，他们付钱给斯卡林格研究这些公司以及其他任何东西。

斯卡林格比以往任何时候都更清楚地看到，颠覆型数字技术节节攀升（其中一些是由他以前在麻省理工学院的同学开发的），这些技术已准备好重塑行业。过去20年，计算机经济接替了电话和照相机，席卷了媒体界和零售业，并重创了广告业，交通是其下一个目标。对于拥有巨型工厂、庞大工人大军和官僚队伍的现任汽车巨头来说，这是一场致命的斗争。

斯卡林格认为，那时正是规模较小、敏捷度更高的汽车制造商的时代，那些制造商没有太多沉重的传统负担。他考虑离开单干，成立一家汽车公司。那是2006年，房地产繁荣的顶峰。数十亿美元（其中许多来自欺诈性抵押贷款）正在催发新技术。运输也不例外。丰田的第一辆油电混合动力汽车普锐斯受到了消费者的追捧，大量风险投资涌入了新的电动汽车制造厂，包括凯文·辛格命运多舛的科达汽车。

钱很好赚，而斯卡林格一直怀着创办汽车公司的梦想，担心自己可能会错失良机。他整合材料制作了一个演示文稿，用来展示一家汽车初创公司，并在几个商业计划竞赛中进行了介绍。投资者慷慨解囊。一些人向他提供高达2 000万美元的资金，以帮助他开创一家电动汽车公司。

尽管如此，斯卡林格还是犹豫不决。毫无疑问，2 000万美元将带给他一个良好的开端，足够他来组建一个小团队并设计一辆汽车。但随后他将面临再次筹集资金的烦恼。他需要一大笔钱，起码要足够将车投入生产。谁更容易筹集10亿美元，是麻省理工学院的博士,还是从研究生院辍学的人?于是他坚持不懈,不断攀登学习的高峰,终于获得了博士学位。

斯卡林格说,他最初的想法是按部就班,可能先在汽车行业工作10年,然后再创立自己的企业。但是,2008年情况发生了变化,当时全球经济暴跌。金融危机将美国汽车业推向了崩溃边缘,销售额一落千丈。通用汽车和克莱斯勒双双破产,沦落到靠美国政府救济的地步。

要想筹措资金来生产汽车,这段时间无疑是最艰难的时期。2006年,漫天飞舞的快乐金钱早已荡然无存。更糟糕的是,它并没有蒸发,而是大部分转化为债务,这压得世界各地的潜在贷方喘不过气来。但与此同时,人们不再讨论汽车行业的脆弱性。这会是行业大换血,进而转向21世纪的方法——生产更小巧、更精干、更环保、更便宜的汽车——的时刻吗?那就是当时斯卡林格的论调。

他解释了一家目标明确的小型汽车公司的运作模式和一种新的商业模式。该公司将依靠制造业收入中的较小份额存活下来,然后通过提供服务增加收入(包括定制和更新软件应用程序)。斯卡林格将从苹果和亚马逊等公司那里获取经验来创建数字市场。归根结底,汽车是一种联网的电子设备。

如果1.6亿年前一种小型而机敏的哺乳动物可以阐明它如何在一个高耸的爬行动物占主导的世界中占据上风,那么它的那一套说辞听起来就会跟斯卡林格的一样。

即使在经济衰退最严重的时候，斯卡林格还是设法筹集到了足够的资金，他雇用了20人的团队来设计下一代原型汽车。那是一辆坚固的豪华汽车。但是大部分研发工作都是关于汽车的内部结构的，也就是电池和动力总成。斯卡林格的想法是，将该平台出售给其他公司，它们可以在上面建造自己的车辆。

斯卡林格寻找投资者时，探索了母校麻省理工学院的筹资网。这使他与1978年从麻省理工学院获得土木工程学位的亿万富翁穆罕默德·阿卜杜勒·拉蒂夫·贾米尔取得了联系。1945年，穆罕默德的父亲阿卜杜勒·拉蒂夫刚在吉达开了第一家加油站。10年后，他从一家陷入困境的日本汽车公司——丰田——进口了4辆兰德酷路泽。事实证明，对于坚固的丰田越野车来说，阿拉伯沙漠才是理想地形。阿卜杜勒·拉蒂夫因此进口了更多的丰田汽车。最终，阿卜杜勒·拉蒂夫成了世界上最大的丰田经销商之一。1993年父亲去世后，穆罕默德接管了公司，从此这家私人公司开始涉足市场营销、产品制造、电力生产和金融服务等领域，业务覆盖31个国家。

通过麻省理工学院的校友网，穆罕默德发现了有关斯卡林格及其团队开发的原型车的更多信息。他非常兴奋，建议斯卡林格将目标客户定位为亚洲、中东和北非激增的中产阶级。这些地区的亿万人口想购买他们负担得起的电动汽车。

于是斯卡林格及其团队开始动手设计原型车，这用了整整两年。斯卡林格说，有一天晚上，当他躺在床上睡不着时，突然得出了一个可怕的结论：他走错路了！他说："发展中经济体的中产阶级并不追求尖端的技术。"打动他们的关键是价格。无论是手机还是汽车，通常都会蜂拥进入商品市场，而商品市场的竞争通常是非常残酷的。斯卡林格也许会发现自己要与广州、曼谷、伊斯兰堡的初创企业打价格战。

他必须跳出这一困境，瞄准较富有的客户。他想到了购买豪华的特斯拉的人。他们有钱，而且通常非常有钱。此外，向有钱人销售高级产品的公司可以获得更高的利润，而且它们也不会因大规模生产而被迫受到惩罚。

如果斯卡林格能以 5 万美元以上的价格出售高级电动汽车，那么他就有资源将更多技术加入其中——比如加装更多传感器和自动功能，更严格地校准电源管理，从而获得更远续航里程，也许充一次电就可以行驶 300 英里以上。如果里维安可以创造出这样的汽车——堪称质量领导者，那么这家公司就将毫无疑问地成为全球品牌。

在与主要投资者穆罕默德进行令人不安的会谈时，那将是斯卡林格的说辞。他会解释说，里维安需要从根本上改变战略，放弃前两年的开发，然后他就需要请求投入更多资金来重新开始。"我当时满头大汗。"斯卡林格说道。

没想到的是，精明的冒险家穆罕默德决定双倍下注——于是斯卡林格获得了所需资金，迅速开始了一项为期 4 年的设计未来电动汽车的计划。

*****

21世纪初，大众汽车公司的高管面临一项挑战。丰田的新型混合动力汽车普锐斯在汽车领域引起了轰动。在电动引擎介入后，当普锐斯沿着城市街道呼啸而过时，省下了惊人的燃油量。包括大众在内的许多汽车制造商早就对混合动力概念嗤之以鼻。在引擎盖下，混合动力车是两个发动机的笨拙混搭，一个由汽油驱动，另一个由电池（电池占据了大部分空间）驱动。混合动力车就像一条有脚的鱼。尽管如此，普锐斯仍然流行起来，占领了一个不断增长的环保市场。

大众正在与丰田争夺世界汽车销售领导者的地位，但它却没有一款电动汽车能够与普锐斯匹敌。因此，这家德国巨头提出了不合常理的应对方案——力推柴油车，而柴油发动机会排放大量黑色废气，并且气味刺鼻。将柴油发动机作为绿色技术来推广，就像在医院的心脏病病房里叫卖芝士汉堡一样。柴油发动机虽然比汽油发动机更高效，但会产生氮氧化物的有毒烟雾和对人体有害的微粒，对雾霾的"贡献"非常之高。

而大众的高管说，造成污染的是老式柴油发动机，他们2009年推出的新车将使用新的环保版本：清洁柴油发动机。他们承诺提供比普锐斯更大的动力和更好的性能，并且所产生的污染要比传统柴油发动机低得多。

大众的清洁柴油计划最后成了一场灾难，不仅使该公司的品牌声誉蒙上了一层阴影，并且迫使大众大规模清理门户，其中包括其首席执行官马丁·温特科恩。大众没有制造出清洁柴油发动机，它作弊了。它创建了带有"制胜设备"的软件，该软件使汽车仅在接受引擎测试时才控制污染排放量。因此，这些汽车在实验室中表现得绿色环保且毫无公害，然而在道路和高速公路上行驶时的性能和污染物排放量却双双提高。这一丑闻在 2015 年曝光，整个公司陷入危机。大众称，罚款和其他惩罚措施最终使公司损失了 330 亿美元。

与电动汽车的未来和斯卡林格的初创企业相关的是，这一罪行最终把大众汽车逼上了电力驱动的道路，虽然姗姗来迟。作为补偿，大众汽车同意在充电基础设施上投资 20 亿美元，这也是大众与美国监管机构达成和解的一部分。大众称，其名为"为美国充电"（Electrify America）的倡议是为了建设一个"消费者友好型的充电网络，通过减少充电焦虑来推动电动汽车的普及"。[3] 最终，大众的柴油发动机灾难事件将汽车行业推向了一个由电力主导的未来。

整个汽车行业的设想是，电动汽车时代必将到来。中国作为世界上最大的市场，正在推动电动汽车的发展。每个主要制造商都为转变做好了准备。福特就是其中之一，它完全放弃了以汽油为燃料的轿车（同时尽可能长期地坚持其利润来源：汽油卡车和越野车）。彭博新能源财经的预测表明，到 2022 年电动汽车的全球销量将达460万辆，约占汽车总销量的6%，因此仍将属于利基市场。但是同一位分析师预测，到2030年，这一数字将达到3 000万，其中近40%的销售额将来自中国。[4]

众所周知，这类长期预测通常不可靠。误判的投资者将一败涂地。但是从长远甚至中期来看，这个时间表对我们其他人没有多大影响。在一二十年内，随着电力驱动逐渐占据主导，内燃机技术的时代缓缓落幕，电力发动机和汽油发动机已做好了角色转换的准备。汽油动力汽车可能还是会在国内的汽车爱好者中存活下来，就像一个世纪前的马一样。

直到最近，维护电动汽车还是一件痛苦的事，这在很大程度上是为爱好而做苦力。电动汽车成本更高，而且从许多方面来看，表现也没有那么好。它的行驶里程有限，寻找充电站也不太容易。电动汽车的买家支付了溢价，忍受了不利因素，主要是因为新产品的吸引力，以及其所具有的环境效益——排气管零排放。

不过，现在电动汽车在价格和性能方面正迅速追上传统汽车，而且涨势并未显示出放缓迹象。的确，与数字系统的指数级飞跃相比，基于化学的技术进步更难，也更慢。尽管如此，对电池的研究仍在蓬勃发展，因为最轻、最高效的电池将成为汽车和手机等庞大的移动性行业的"领头羊"。

这势必会引发从环境问题到地缘政治的各种麻烦。废电池的处理方面做得一团糟，开采制造电池所需的矿物质也充满了风险。的确，就像石油和煤炭一样，电池行业从根本上讲是采掘业，它是由锂和钴等稀土金属制成的。根据国际特赦组织的数据，工厂经常雇用童工来开采用于电池的金属，其中一些人每天工作12小时，工资却不到10美元。[5] 钴是一种蓝色金属，可提高电池的稳定性和存储容量，这两点对于电动汽车至关重要。世界上一半的钴来自刚果民主共和国，那里雇用童工的现象十分猖獗。在即将到来的电动汽车经济中，像中非这样的地区可能会像今天石油资源丰富的波斯湾一样变得至关重要，并且有可能成为国际冲突的热点地区。

这些问题已经使一个小型发声群体相信，其他新燃料（例如氢气）应成为下一个世纪汽车的动力来源。氢气具有很大的吸引力。它是宇宙中最丰富的元素，约占物质的75%。使用氢燃料电池的车辆唯一的排放物是水。

但是，氢也有缺点。为了达到300~400英里的竞争力，车辆必须在危险的高压下储存氢。更重要的是，制备氢的工业过程以大量天然气为燃料，从而产生了使地球变暖的二氧化碳。如果各国政府和全球工业界推动氢气经济发展，无疑许多问题都将得到解决。但是大多数人已经做出了选择——他们正在支持我们已经知道的电池技术，那就是我们每天都随身携带的电子产品。

*****

而最新的电子产品重达几吨，底下还装着四个滚轮。在洛杉矶车展上，电动汽车是明星景点之一。在柴油时代大败的大众汽车正在加入这一领域的角逐。大众旗下的奥迪正在展示其电动SUV，价值75 000美元的e-tron，这款车在漫威的电影《复仇者联盟4：终局之战》中成功亮相。大众在货运概念车Buzz Cargo的天窗上安装了一块太阳能电池板，每天可增加9英里的续航里程。该公司还与亚马逊合作，以1 000美元的价格向e-tron买家出售和安装家庭充电系统。车展上的其他电动车型包括起亚的几款（其中包括一款SUV），以及宝马为与特斯拉竞争而发布的iNEXT。这款车的前格栅装有传感器，可实现自主功能，并且以摄像头代替了后视镜，使汽车更具流线型。

然而，也许这几款车里样子最奇怪的是一辆低底盘的银色皮卡。其前脸比大多数卡车都空荡，没有金属网罩，只有白色条纹位于大灯之间，看起来像是阿诺德·施瓦辛格出演的终结者才会驾驶的东西，这款车的名字叫R1T。站在这辆车旁边的，正是笑容灿烂的斯卡林格。

这是里维安定位的空隙市场：用于探险和探索的昂贵大型车辆。正如斯卡林格所了解的，高端市场可以分为两个领域。一种是豪华车，另一种是更实用的车。他说，豪华电动汽车市场已经人满为患，尤其是知名品牌特斯拉，以及瞄准同一个买家群体的中国竞争对手蔚来。

然而，电动汽车的另一个高端市场——冒险市场，基本上还无人涉足。这是有原因的。购买者倾向于将这一领域与马力联系在一起，而马力又与高油耗联系在一起。尽管大多数买家使用他们的探险车辆来装载食品或接送孩子，但是至少在买车的时候他们憧憬过冒险，不管是在欧扎克斯的小溪垂钓，还是在科莫湖上方的积雪中耕作。为此，他们需要大马力。而且，不管喜欢与否，大多数人都将电动汽车与"绿色"联系在一起，"绿色"又与"节能"联系在一起——而节能在历史上一直是"弱"的代名词。

斯卡林格为户外探险空白市场采取的模式与价格昂贵的户外用品零售商巴塔哥尼亚相同。巴塔哥尼亚是由一个用假蝇钓鱼的渔民创立的，因此这个品牌在探险市场上保留了一定程度的真实性。它出售的帐篷、远足靴和雨衣价格昂贵，永远都不会坏。那就是斯卡林格想要的品牌效果。

斯卡林格在洛杉矶车展上对记者说，R1T的设计主题是无所顾忌，他称为"激励人心"。正如他所看到的那样，开着里维安的车，车主想怎么做都可以，不会出错。车身的材料坚固耐用，向买家展示了一种过硬的质量，有点像巴塔哥尼亚的价值400美元的背包或一双用鹿皮做的靴子。有两个小孩的斯卡林格说道："对我来说测试就是，你能放心地带孩子们去海滩吗？"

前几年，汽车市场仍然主要维持20世纪的商业模式，个人购买、拥有并且驾驶汽车。斯卡林格预测，再过10年，更多的汽车会由商业车队按小时、按天提供服务。越来越多的汽车（包括里维安汽车）将实现自动驾驶。但是，里维安必须熬过10年，才能实现这一未来愿景，为此仍得采取与20世纪相近的模式，即向仍然需要驾车的人出售汽车。对于这个市场来说，关键因素是性能，而这在很大程度上取决于电源。

电池就是电动汽车的心脏，其重量及成本平均占汽车本身的1/3。在里维安汽车中，一组电池位于前后轮之间的低平台上，这使汽车平衡性更好、重心更低。相比之下，以汽油为动力的汽车发动机通常在汽车的前部，其大部分重量偏离中心，本质上这是不稳定的。不过，更重要的是里维安汽车有一张床大小的电池的马力。令人难以置信的是，其电力等同于800马力，是福特标志性汽车F-150猛禽的两倍。

此外，电动卡车也更容易在需要的地方利用动力。里维安设计的特色是为每个车轮供电的小型电动机。这不仅优化了崎岖地形的驾驶体验，同时也提高了行车速度。但是，大多数客户将专注于最大的电池回报：电池续航里程将上升到400英里，并且在不久的将来——尽管斯卡林格不会承诺在一年内实现——可能接近500英里。

这个市场的形态以及每个城市的时机选择仍然是一个谜。

对于汽车公司（尤其是像里维安这样的小型汽车公司）来说，所面临的挑战都是在必将到来的向网络化、电力化以及多模态经济的激烈转变中存活下来。这时，里维安的所谓终端装置便出现了。电动汽车的内部装置（包括电池、马达和变速箱）被安装在一个扁平的黑色结构中，形状像一个大号的弹簧床垫。这是每辆里维安汽车（无论是卡车还是 SUV）的商业终端。斯卡林格希望将这一商业终端作为插件出售给多个制造商。他说："你可以将它用于货车、公共汽车等。"即使是使用诸如 Divergent 3D 之类的定制机制的企业，也可以使用里维安的商业终端组装成批的车辆。

对于斯卡林格和其他人来说，新型出行方式的比较总是会不可避免地回到信息技术的早期时代。在这种情况下，斯卡林格引用了个人计算机的兴起。20 世纪 80 年代，除了苹果公司这个小而热烈的圈子，大多数计算机行业都扎根于一个共同的基础——标准的半导体产品线，其中大多数是由英特尔制造的。不同公司，如戴尔、康柏、索尼等，都可以制造自己的计算机型号，但是它们不必费心制造计算机的大脑，也就是芯片，那些是标准化生产的。

里维安以及业内其他许多人认为，下一代电动汽车市场将孕育一个新的生态系统，其中由不同的专家来开发各种组件——从软件到触摸屏窗口。在这个新兴市场中，里维安希望提供发动机和动力。这样一来，即使价值 80 000 美元的电动皮卡滞销，里维安仍然可以找到一条生存之路。

斯卡林格的策略是寻找新的追随者。2019年4月，福特汽车豪掷5亿美元收购了里维安的部分股份。两家公司将共同为福特开发电动汽车——动力部分很可能由里维安的商业终端提供。2019年早些时候，洛杉矶车展后，亚马逊领投了7亿美元的新一轮融资，使其成为里维安这家初创企业的主要投资者。⁶也许里维安的商业终端会被应用于即将出现的亚马逊送货汽车中。在汽车制造商即将面临的孤注一掷的斗争中，这将是一个巨大的胜利。

第四章
侏罗纪底特律

两个学年之间的暑期，耶鲁大学管理学院的学生经常会去参加企业实习。克里斯·托马斯想到了一个不寻常的目的地，这成了他人生众多转折点中的一个。他向我讲述这个故事时，我们正站在他位于伍德沃德大街宽敞办公室的窗户旁，凝视着正午底特律市中心闪烁的天际线。托马斯刚满40岁，但看起来很年轻。他梳着背头，颇有20世纪50年代的感觉，就像年轻的埃兹尔·福特。

他说，耶鲁大学实习办公室的人问他想去哪里。他的答案是底特律。

那是2008年。汽车工业正陷入深深的恐慌，也许是最后的恐慌。耶鲁大学的人问他是否会更喜欢伦敦或新加坡，但他坚持去底特律。

那里曾经是他的家。托马斯在底特律北部的沃特福德镇长大，是家中第一个上大学的人，曾在密歇根州立大学学习。后来，他去了旧金山的银行工作，然后又参加了伊拉克战争。一直以来，他都与仍在底特律的家人保持电话联系，他想为家乡复兴做出贡献，但他可能没有把这话告诉耶鲁大学的人，因为这听起来像是在吹牛。"我爱底特律。"他说，"我整天都惦记着它。"

20世纪中期，密歇根州这一区域是块富饶之地。大型汽车厂占据了迪尔伯恩、庞蒂亚克、伊普西兰蒂的整个社区。底特律一整代加入工会的工厂工人都可以购买带有双车位车库的房屋，甚至可以购买能拖到湖上的摩托艇，地球上只有为数不多的地方可以这样。他们可以把孩子送到附近的安阿伯或东兰辛的那些依据《土地拨赠法案》建立起来的一流大学，托马斯就曾在东兰辛求学。

托马斯出生在汽车时代的末期，从他开始了解底特律起，底特律就已经处于衰落期并且危机四伏了，其中有些危机甚至是致命的。1973年，也就是他出生前的5年，阿拉伯石油禁运终结了底特律的传奇时代。美国人四处寻找节油汽车，于是日本车席卷了市场。日本车有一个基于数据的新工业流程，他们称为"Kaizen"，是持续改进的意思。他们从美国工业大师爱德华兹·戴明那里学到了很多关于这门学问的知识。但在美国，没有人给予过戴明太多关注。

日本车的入侵使底特律需要面对突如其来的全球竞争。在托马斯成长的随后几十年中，汽车公司将工作迁移到了没有工会的南方和墨西哥，整个供应链甚至延伸到了中国，底特律整个产业都被掏空了。在托马斯申请实习几个月后，通用汽车和克莱斯勒几乎在 2008 年的金融危机中灭亡。

早在就读耶鲁大学之前，托马斯的使命就一直是帮助拯救底特律。这个城市再也不能幻想着像以前那样统治世界。其他热点城市也在蓬勃发展，比如斯图加特、东京和洛杉矶等，在软件研发方面则有硅谷、特拉维夫和深圳。但是托马斯坚持认为，有着世界上最大交通集群的底特律应发挥主要作用。"这不是与生俱来的权利。"他说，"这是我们必须非常努力去争取的事情。"

托马斯是风险投资公司 Fontinalis 的联合创始人。该公司专门针对下一阶段的出行方式，并且已经给本书中介绍的许多技术（从人工智能到"无桩"共享单车）投资了 2 亿多美元。Fontinalis 是最早涉足这一领域的风险投资公司，尽管现在这个领域已经拥有了大量公司。Fontinalis 的联合创始人之一是小威廉·克莱·福特，福特汽车公司的董事长，也是福特创始人亨利·福特的曾孙。从这个意义上讲，上一代制造业总是孕育着下一代。

实习的那个夏天，托马斯初识了小威廉·克莱·福特。我们看着窗外，他向我讲述了这个故事。那是福特公司的严峻时期，工厂不时停工，充满了不祥的预兆。汽车销售正在走下坡路，曾经繁荣的房地产市场变得冷冷清清。几个月后，雷曼兄弟公司倒闭，经济大萧条出现，并使底特律的汽车制造商陷入生存危机。

去福特任职的第一天，托马斯就被派往公司财务部，让一个前银行家来做这份工作合情合理。他很快发现自己坐在小隔间里，面对着他所说的"可以想象的最无聊的工作"。工作是库存管理，他讨厌这份工作。

因此，他写了一封电子邮件，发给了公司的每一位高管。他请求他们给他半个小时，让他听听他们所做的工作，以及他们对公司的看法，让他至少能够了解需要提出的问题，即便无法找到问题的答案。其中一些高管邀请他上楼，进行了友好的聊天，但最终都毫无结果。

几天后，托马斯坐在他的隔间里，正挣扎着和库存做斗争，这时他接到了电话。电话是小威廉·克莱·福特——公司的执行董事长——打来的。福特让托马斯马上到他的办公室去，他有半小时的时间。

董事长面带微笑地向这位实习生致意，说道："告诉我你有多热爱这份实习工作。"

托马斯回应说他讨厌这份工作。

福特接受了那令人不快的消息。他说："好吧，我们有29分钟的时间来谈谈。"

于是他们聊了起来。托马斯向福特讲述了自己的经历，包括他在底特律的成长过程和在密歇根州立大学的学习经历，以及他是如何在互联网泡沫破灭之际在旧金山找到一份投资银行家的工作的。然后提到了2001年的恐怖袭击，进而聊到伊拉克战争。他的弟弟斯科特打电话跟他说要入伍，于是托马斯追随了他的脚步。走到旧金山征兵办公室时，托马斯还穿着那身银行家的衣服，一年后，他就在巴格达以北的一个哨位负责通信工作了。然后两人还聊到了耶鲁大学研究生院。他告诉董事长，他很想，甚至是迫切渴望在福特公司找到更有趣的工作。他想做的工作的影响要大得多，而不仅仅是简单地整理库存。

福特认真倾听。半小时到了，他们握手道别。握着董事长的手时，托马斯提出了请求。他想要加入整个公司最有趣的项目。福特未置可否，祝他周末愉快。

第二周，托马斯被调任了。董事长告诉他，他会做一份大多数人都不知道其存在的工作。他将加入福特公司的一个小组，该小组正在规划世界特大城市中的未来出行方式。这是一个非正式的团队，没有预算。福特称其为"臭鼬工厂"——秘密创新部门的别称，这个名字源自第二次世界大战期间洛克希德·马丁公司集结的小团队。团队成员都有其他工作，他们挤出时间去思考圣保罗、上海和纽约等城市的下一代出行方式。在全球金融危机前的几个月，这个非正式小组正忙于探寻未来。

该团队设想了智能化、网络化和日益机械化的交通带来的影响。他们看到，这些新趋势和新技术将孕育出一个完整的出行生态系统，包括车队运营商、电池公司、地图应用程序、整个软件领域以及带有轮子和机翼的新奇的交通工具。

暑期结束时，托马斯回到纽黑文，脑子里浮现着未来出行的各种可能。他和同学克里斯·奇弗决心为这个新兴行业创建一家企业。他们考虑了发动机、汽车和电池，但是不知道该抓住哪个机会。

他们想知道，即使确定了策略，又怎样才能融资呢？那时世界经济正急剧下滑，钱都流向了社交网络和 iPhone（苹果手机）应用程序，而当时 iPhone 才刚发布一年。企业家可以在笔记本电脑上开展业务。谁会将钱投给一家工业初创企业，还是在底特律这种地方？

而正是这个问题指明了一个不太可能的商业机会。第二年春天，在金融危机的最低点，托马斯再次来到小威廉·克莱·福特的办公室，提出建议。

他说，底特律是汽车时代的全球首都，它也应该在下个世纪再度引领全球。为此，包括福特在内的行业领导者应投资于下一代出行初创企业。几年前底特律汽车和卡车销路大好时，这样的投机可能听起来像是空中画饼。但是 2009 年春季，通用汽车和克莱斯勒都破产了，福特表现不佳，未来似乎突然变得一片渺茫。投资新型出行方式提供了一线生机，甚至可能还有利可图。

福特为托马斯和奇弗的风险投资公司 Fontinalis 提供了初始资金。二人开始在底特律市中心的办公室里筹办公司。接下来的几年中，Fontinalis几乎拥有了针对出行公司的风险市场。

金融危机的头几年，底特律看上去就是个彻头彻尾的反乌托邦。一排排房屋废弃了，隔热材料从铝壁板上露了出来，房门被推倒了，人们饱受痛苦。有时，市区街道上最显眼的行人似乎是无家可归的人，他们将自己的破烂物品塞进改装过的购物车中。

这座城市已经宣布破产，许多人想知道是否可以将著名艺术学院的珍宝，比如迭戈·里维拉在大萧条时期创作的福特胭脂河工厂的壁画拍卖出去，以偿还债权人。底特律是如此空旷和贫穷，甚至连提供基本服务，例如铲雪和运营校车，都有困难。市长推动拆除城市外围地区，来缩小底特律辖区，但没有成功。他的想法是，每个留下来的人都可以抱团取暖。

在出行热点地区，崩溃后的底特律就像一个孤苦伶仃的人。为了找到有前途的初创企业，托马斯和他的Fontinalis合伙人必须前往加利福尼亚州和马萨诸塞州等地。然而，他们所到之处，都遇到了背井离乡的密歇根人。这不是没有道理的，来自汽车城的人比其他人更容易遭受汽车和交通运输行业的打击。然而，机会——或者说投资和人才——却在其他地方。于是他们背井离乡。

他们遇到的其中一个人是卡尔·亚涅马。亚涅马生于底特律，在密歇根大学接受教育，后来去了东边，在麻省理工学院攻读机械工程博士学位。他是个博学家，先是发表了一些短篇小说和一部长篇小说，然后在马萨诸塞州的剑桥成立了一家初创公司，开发用于自动驾驶汽车的软件。Fontinalis是自动驾驶公司NuTonomy的早期投资者。2017年，汽车零部件巨头德尔福以4.5亿美元的价格收购了NuTonomy，Fontinalis获得了丰厚的回报。[1]

另外，还有许多其他成功案例，其中大多数都离底特律很远。亚特兰大智能停车初创公司ParkMobile被出售给宝马，纽约拼车平台SPLT被出售给博世，两者均未公开价格。威瑞森以9亿多美元的价格收购了加利福尼亚州的Telogis（位置智能服务公司），该公司的软件用于管理联网汽车。托马斯说："我从没想到出行市场会这么快就发展到这么大的规模。"

Fontinalis在蓬勃发展的市场中处于优势地位。但是，其投资组合公司创造的大部分工作岗位，无论是在网络安全还是车队管理方面，都给了有才华的工程师和程序员组成的小组，这就是技术革命的本质。变富的人更少了，而且大多数人居住在距底特律数百英里的科技天堂中。

为了使工业城市的回归——这是托马斯从一开始就追求的目标——能够长久，制造商必须成功。的确，大型汽车制造商将永远无法重温汽车城的鼎盛时期，当时成千上万名高薪工人轮班生产。现在的汽车厂已经精简了，并配备了机器人。但是，汽车制造商仍然大量地招募工人。他们在底特律这样的城市有未来吗？

第四章 侏罗纪底特律

*****

2018年夏季，底特律市中心回归了，并且比10年前更加热闹。当地的企业领袖，包括快速贷款公司（Quicken Loans）和达美乐比萨的创始人购买了整个街区的房产，并对其进行了整修。大街上到处都是年轻的专业人士，餐厅挤满了人，人们骑着伯德滑板车四处穿梭。

6月一个晴朗的早晨，福特董事长小威廉·克莱·福特邀请媒体前往底特律市中心以西科克镇附近一个曾经气派的火车站——密歇根中央车站。自1988年开出最后一列火车以后，这个车站就一直空置，四处布满了涂鸦，窗户千疮百孔。现在，在密歇根州的资助下，福特宣布计划将车站变成福特的市中心总部，以开发多种出行技术，科学家和工程师团队将在这里设计自动驾驶汽车，内部企业家将启动乘车服务和新的送货业务。福特发誓要在底特律创建"未来50年的出行走廊"[2]，他好像是在引导克里斯·托马斯。

包括底特律三巨头（福特、通用汽车、克莱斯勒）在内的传统汽车制造商已经在准备应对这一技术转变。实际上，新的出行方式已经成为一种历史准则。从德国的大众汽车到中国的长城汽车，所有这些公司都致力于自动驾驶技术。它们已经召集好了合作伙伴，在送货服务、电动滑板车和传感器产品上投资，向硅谷和特拉维夫在内的软件初创公司投入大量资金。

举个例子吧，福特已投资了 110 亿美元，为新的出行方式做好准备。[3] 它斥资 10 亿美元购买了匹兹堡自动驾驶汽车公司 Argo AI 的股份。福特还拥有一家名为 Autonomic 的硅谷车联网技术公司，该公司为交通构建云计算基础架构。此外它还拥有北卡罗来纳州的 TransLoc（实时位置追踪系统研发商），该公司的软件管理城市交通。福特与来福车合作开发自动驾驶汽车，甚至在美国迈阿密启动了备受瞩目的试点计划——用自动驾驶汽车配送达美乐比萨。福特正在与斯卡林格的里维安合作制造一款电动汽车。

汽车制造商们一致认为，变革不可避免。它们就此事发表的声明已成了陈词滥调。在 2018 年与分析师进行的收益电话会议上，福特首席执行官吉姆·哈克特说："我们不仅将自己视为出行解决方案提供商，而且将自己视为数字连接的协调者。"[4] 其他汽车制造商的高管用几乎相同的语言表达了类似的观点。

问题不在于传统汽车制造商是否打算进行这一艰难的转型，而是它们是否有能力转型。在距离托马斯的办公室以西约一个小时车程的里维安总部，斯卡林格在白板上匆匆忙忙地总结了批量制造商面临的既简单又严峻的情景："如果通过联网和共享提升效率，车辆的使用量将增加一倍，那么我们需要的车辆可能会更少。"

正如我们在凯文·辛格位于加利福尼亚的 Divergent 3D 工

厂所看到的那样，新技术将使企业家能够建立微型工厂，并为潜在商机批量生产汽车。这也存在侵蚀批量生产汽车、卡车和自动驾驶舱市场的危险。

但是，这些传统汽车制造商可能面临的最大挑战是业务性质的转变。消费者将购买更多的服务，购买更少的汽车。市场将成为一体。未来的汽车业务将涉及与数百万客户建立关系，获取其数据，预测其目的地，将他们带到目的地，也许在途中提供一杯卡布奇诺咖啡、一场虚拟现实之旅，或一次足部按摩。

为此，福特、通用汽车和丰田等公司不仅在计划制造汽车，而且计划在世界各城市运营车队。这些就是哈克特谈到的一些"出行解决方案"和"数字连接"。这就是汽车高管们以活命主义者的狂热来消费软件公司和车队管理公司的原因。托马斯说："人们非常恐惧。"

但是，大型汽车公司相对于优步、来福车这样纯粹的服务机构而言，有什么优势？

我们还是接着谈谈福特。在像 2017 年这样的好年景中，福特 20 万名员工制造了将近 700 万辆汽车和卡车，营收超过 1 500 亿美元，其中利润只有约 6%（即 90 亿美元），微不足道。[5]这种规模使福特这样的超级公司比起里维安这样的初创公司具有各种优势，包括全球分销能力和对供应商的巨大影响力。在制造和销售产品方面，传统汽车制造商处于有利地位。

然而，公司规模也可能成为问题。传统制造商虽然经营着历史上规模最大的工业，但其利润却取决于规模。产能不足时，其销售额下降的速度快于成本下降的速度，数十亿美元的利润很快就变为亏损，并且亏损数字与汽车行业中的其他所有事物一样迅速增长。在2008年夏季的几天因管理库存而不愉快的日子里，托马斯预见了这种破坏性模式的开始。因此，当汽车巨头要改变业务模式并转向服务时，其自身的巨大规模就变成了沉重的负担。在急于建立和推出数十个初创公司，并且这些初创公司将会破坏公司业务时，汽车公司将如何保持收入并支持其核心业务呢？

*****

每次工业革命都会发生这样的事情。正如克莱顿·克里斯坦森在《创新者的窘境》中所写的，强大的老牌公司必须弄清楚如何在破坏自己商业活动的过程中生存下来。[6] 这是一个反复出现的主题，尤其是在技术领域。要了解汽车巨头所面对的问题，最好的例子也许是计算机巨人——IBM（国际商业机器公司）的历史。

在20世纪中期，IBM统治了整个世界。可以说，在计算机领域，IBM比底特律三巨头、丰田和戴姆勒在全球汽车市场上的总和还要强大。IBM定义了计算机技术。

在辉煌时期，IBM与当今的汽车公司有很多共同点。它制

第四章 侏罗纪底特律

造大型机器,还运营着无可比拟的分销网络——大量的销售人员,大多数是男性,穿着标志性的蓝色西装。他们拜访公司客户并向客户出售机器,那是业务的核心。机器维护和软件服务呢?这些包括在维修合同中。

这是一个存在巨大浪费的世界,IBM 从中获益颇丰。每个公司都必须拥有自己的计算机,就像城市拓展过程中每个家庭都需要自己的汽车一样。人们无法共享计算机。而且,每家公司都需要足够的计算能力来应对一年中最繁忙的几个月,例如税收旺季,或者对零售商来说就是假期高峰。因此,公司购买的许多硬件在淡季几乎都处于闲置状态,就像汽车在车道和停车场消磨时间一样。

IBM 的机器很昂贵。但是计算机本身的价格却成倍下降。1960 年提出的摩尔定律准确地预测出,每 18 个月计算机的处理能力将提升一倍,而成本会下降一半。对于 IBM 来说,这种趋势是不可持续的。该公司有规模巨大的工厂在产出大型计算机,并且有高薪的销售团队。这些都是固定成本。然而,20 世纪 80 年代,随着个人计算机的普及,客户看到,原本要由昂贵许多的 IBM 机器才能完成的工作,他们可以用价值 2 000 美元的个人计算机完成。

到 20 世纪 90 年代初,IBM 几乎崩溃了。董事会聘请了一位圈外人——路易斯·格斯特纳——来拯救"蓝色巨人"[1]。虽

---

[1] "蓝色巨人"是 IBM 的外号,因为它的标志是蓝色的。——译者注

然格斯特纳对计算机知之甚少，但他曾在美国运通担任高管，后担任纳贝斯克食品集团的首席执行官，所以他很懂市场。因此，他认为IBM需要寻找新的赚钱方式。

他的解决办法，就像今天的汽车公司做的一样，是把公司转向服务业。如果计算机技术成为商品，IBM就可以通过帮助客户明智地使用它来赚钱。在接下来的10年中，IBM放弃了产品制造，转而专注于服务和软件。这是一个痛苦的转变，IBM缩减规模并裁了数千名员工，公司营收下降了，尽管如此，格斯特纳及其团队还是成功了。

IBM幸存了下来，但不再是主导者。在过渡期间，它发现自己面对着许多计算机新时代的原生公司。像微软这样的软件公司并不制造机器，因而它们就不需要承受巨大的旧成本负担。诞生于互联网的谷歌根本不制造任何东西。

在写作本书时，谷歌母公司Alphabet的市值是IBM的7倍。关键是，尽管IBM不再销售大量机器，但其核心业务仍与技术联系在一起，而技术却越来越便宜——这一点与出行方式尤其相关。这就苦了销售。相比之下，对谷歌而言，技术只是一种工具。与IBM不同，谷歌会随着价格下降而获利，并且它使用一种更便宜、更强大的工具来销售其他完全不同的产品，那就是广告。脸书致力于同一种发展模式。

现在我们再来考虑出行革命。我们不知道哪些公司将崭露头角，成为互联汽车行业的佼佼者，也不知道哪种自动化技术将脱颖而出。我们现在还不知道，这些滚动装置将来长什么样子，也不知道人们将如何称呼它们。但有一件事我们可以确定，那就是每英里的花费将变得更便宜。

这就是数字技术进军整个行业的方式。它找到一些曾经稀缺的东西，然后把它变得又多又便宜。计算能力的指数级增长为这种发展趋势提供了动力，软件和芯片的本质也是如此。一旦软件接管工作，就能以微不足道的成本无限复制，从而吞噬整个行业。

如何在价格暴跌的行业中生存？一种方法是把公司建立在其他公司的风险和辛勤付出的基础上，然后出售服务。这就是谷歌和脸书在计算机领域取得的成就。

这也是优步和来福车正在出行领域所做的事情。它们不购买钢铁和玻璃，也不与汽车工人工会讨价还价。它们不必与戴姆勒、大众或其他来自中国的新制造商竞争。同时，它们不必铺设沥青或建造桥梁，这些由政府负责。因此，乘车共享服务商摆脱了制造产品的成本、风险和责任。在野外，它们被认为是一种特别隐蔽的寄生虫。

拼车公司仅仅是手机上的应用程序。（最厉害的守财奴甚至没有投资地图技术，而是将大部分工作外包给了谷歌。）然而，与汽车公司不同，它们与数百万名客户建立了密切联系。它们挖掘丰富的客户数据流，更重要的是，建立了数千万美元的买卖关系。在任何新旧经济体系中，进入客户银行账户最直接的方法都是通过真金白银。

*****

在逐步退出制造业的同时,汽车公司将争夺不同的市场和需求。它们将不得不创新车型。

J·梅斯——他名字就是J,而不是首字母缩写——任福特公司首席设计师一职已有18年。他重新引入了福特野马,并塑造了流行的F-150猛禽卡车。现在,他已60多岁,留着一头花白的短发,戴着一副方形眼镜,在惠而浦的洗碗机和冰箱的设计上动心思。

但是梅斯仍然花费大量时间来想象未来汽车的样子。他说,随着我们从拥有汽车转变到客运经济,设计方面将面临完全不同的挑战。在汽车的大部分历史中,它都是一个人的附属物。钻进汽车,把胳膊肘伸出窗户,收音机大声播放着音乐或广播,驾驶员借此彰显了力量、身份和个性。就汽车本身而言,它保证了速度、自由,并在某种程度上彰显着性别。梅斯的野马无疑会朝着这一点努力。

几年后,比如说在巴黎或西雅图。一名研究生想从城市的一头到另一头,他呼叫自动驾驶车队。在大多数情况下,他并不想花钱去表达自我或彰显地位。相反,他想要的是高效率,最好还附带愉快的体验。梅斯猜想:"这种车可能会更像一个茧,能让我们漂浮到目的地。"

他说,这项服务应使人们爬进车后获得一点"度假体验"。也许这会让他们看起来好像迷失了——但他们的精神更"自由自在",而不是"出行自由自在"——"走出汽车才会开心快乐,没有烦忧"。

如果是你,你将如何设计呢?

谁来设计呢?会是汽车制造商吗?要在车厢内配备舒适的枕头和缎面(防溅)座椅,并装配华丽的立体音响和超逼真的数字屏幕吗?也许吧。但是另一项服务可能会带着旅行者更进一步,进入虚拟现实,可能是热带海滩,也可能是迪士尼乐园。这将成为软件在现实世界截和商机的又一典型案例。

软件和芯片将继续战斗,以争取从娱乐到导航在内的汽车市场的更大份额。麦肯锡的分析师阿苏托什·帕迪预测,未来15年内,汽车中的软件总量将是现在的3倍。[7]

软件公司正在一步步征服汽车产业。例如,波士顿一家名为ClearMotion的减震技术研发商,正在专注于研发关于汽车悬架的人工智能技术,该公司的想法是预测高速公路上的颠簸,进而做出适当响应。这家公司将这种汽车悬架人工智能与耳机中的噪声消除进行了比较。投资者喜欢这个主意,并投入了2.7亿美元的风险资金。[8] 如果这个方案可行,那么底特律等地的汽车研发工程师的预算又会少一部分,因为会被拿出来提供给某个海岸的计算机科学家。

随着汽车变成一堆滚动的计算机组件并越来越自动化，其实际上将转变为一个完全不同的全新物种。届时，与之相关的数字（从价格到使用寿命）都将发生翻天覆地的变化。这将使汽车制造商更加难以规划未来和制定预算。

当下一代汽车——我们姑且这么命名电动和半自动装置——首次出现时，每辆汽车的价格可能为 15 万美元，但是 5 年之后，成本就可能仅是之前的 1/3 了。同时，汽车将是电动的，其活动部件可能只有之前的 1/10，因此它们将更加可靠，并且可能可以行驶数百万英里。车队所有者已经为其付出了高昂代价，很可能会购买新零件，继续对其进行投资。

这是一项不同的业务，在某些方面更像是今天的公共汽车。我们大多数人都不梦想拥有一辆公共汽车，因为这是公司或市政运输机构所需要的。此外，大多数人不知道他们要花多少钱才能买一辆公共汽车。这与他们无关。与小汽车不同，公共汽车可以运行数十年，因为修理它比买新车便宜很多。从这个意义上讲，公共汽车提供了窥见未来汽车市场的视角。那个未来会是包括中国人在内的激烈角逐。

*****

2003 年 9 月，瘦骨嶙峋的 23 岁芝加哥人瑞安·波普尔在伊拉克担任美军坦克指挥官。他面临的后勤挑战是，确保大油耗的坦克总是有充足的燃料。这意味着要建立尽可能高效运输大量汽油的供应链。对于曾在弗吉尼亚州威廉与玛丽学院修读经济学的波普尔来说，这是一份合理的工作。但这份工作很艰难，由内燃机驱动的坦克就像是一头饥渴的野兽。

管理坦克使波普尔开始思考出行经济，尤其是燃料问题。在伊拉克期间，他几乎无法逃脱令人讨厌的燃料副产品，也就是坦克向沙漠排出的柴油废气。废气有毒，真的会令人恶心。

5年后，波普尔退伍了。然后，他的目标是为建设一个更清洁、更可持续发展的星球而努力，帮助人类断绝对化石燃料的致命成瘾。他仍然将其视为代际挑战。他说，他出生于1977年。他的父母在战后美国世纪的鼎盛时期长大，当时美国不断壮大的中产阶级几乎可以买到任何东西，并且拒绝"可持续性"（假设人们真的会想到这个词）的概念。他说，在世界观上，他的同辈人可能与他们经历过大萧条时期的祖父母更接近，后者当时已经学会了如何处理稀缺资源，并且会对浪费现象感到不满。

回国后，波普尔在马萨诸塞州的剑桥短暂定居，在哈佛大学拿到了MBA（工商管理硕士）学位。他从那里一路向西，来到了加利福尼亚州，那里有一位名叫埃隆·马斯克的企业家开始生产电动汽车。此时大多数人还没有听说过特斯拉。波普尔在马斯克的公司开发第一款电动跑车时负责财务管理。然后他跳槽到了著名的硅谷风险投资公司克莱纳·帕金斯，在那里他专门从事绿色投资。

波普尔的一项风险投资项目是投资一家名为 Proterra 的电动公共汽车创业公司。作为主要投资者，他成了这家公司董事会的一员。董事会解雇创始首席执行官（大家对此司空见惯了）后，波普尔临时受托担任该职位，而董事会则去寻找永久人选。

他仍然在经营公司。

他说，直到他接管了 Proterra，才意识到公司的目标太低了。它最初的重点是"绿色"市场，从具有环保意识的城镇入手，例如俄勒冈州的波特兰市或威斯康星州的麦迪逊市，那里的政府可能会为某些电动公共汽车支付高于市场的价格。新公共汽车将有助于清洁城市，增强其品牌的前瞻性思维，并向支持环保的选民们发出正确的信号。Proterra 希望每年向这些利基市场销售 1 000 辆汽车，这足以使其成为一家中型公司。

波普尔在对这些数字进行研究后，得出了截然不同的结论，而且他得出的这个结论更宏大。这些趋势很明显：电池功率的增长速度比业界估计的要快得多。每千瓦时的价格直线下降。21 世纪 20 年代初，电力发动机的行驶里程和价格将与柴油发动机相匹敌。在其他条件相同的情况下，如果有更清洁的选择，谁还会想要污染严重的柴油发动机呢？他认为，未来 10 年中，电力可以为包括全球公共汽车市场在内的整个大型车辆行业提供动力。波普尔预测道："我不认为以后还会有人订购柴油车……"他用了一两秒在脑海里过了一遍这些数字，接着说道："2025 年以后。"

Proterra 总部（和电池厂）就在旧金山国际机场附近，距离旧金山湾区捷运火车站只有 10 分钟的步行路程。波普尔经常骑自行车上班，并会把自行车挂在他桌子后面的墙上。他认真分析着我们这个物种的生存，他有着天赋异禀的分析能力，同时也专注于大局。

他认为，人类的未来更多取决于我们如何管理城市。已有一半人类居住在城市中，而且这一数字肯定会继续增长。这是一件好事，因为城市比郊区或乡村更环保，这主要是出于一个原因：拥挤在一起的人远不需要走那么多路。他说，未来的关键是弄清楚如何运营我们的城市，使之更清洁、更安全、更健康。

这样的清洁行动可以从城市的公共汽车开始。世界上只有极少数城市有市内火车或地铁线路。对其他地方的人来说，公共交通就是形式各异的公共汽车。

从波普尔以前当兵的角度来看，城市公共汽车就像几排坦克在城市街道上巡回行驶一样。但这不是在沙漠，这些庞然大物是将柴油废气喷向包括儿童在内的数百万个在街道上行走的人的脸上，进而进入人们的肺部。波普尔指出，数十亿 PM2.5（细颗粒物）悬浮在柴油发动机排出的废气中。这些是被烤过的微粒，每个小于 2.5 微米。一个句子的句号里大概可以放下 40 个这样的微粒。波普尔说："越想越可怕，尤其是对于儿童而言。"这些微粒是癌症的催化剂。在墨西哥城对发狂的狗进行的一项研究表明，这种颗粒可能会进入大脑，并对脑神经造成严重破坏。

为应对这一环境挑战，许多城市正在将逐渐退役的柴油公共汽车替换成其他由更清洁的天然气或者电力驱动的公共汽车。在撰写本书时，柴油车仍然占据价格优势，但这种优势在不断缩小。一辆柴油公共汽车的费用约为40万美元，天然气公共汽车为50万美元，南卡罗来纳州工厂生产的一辆电动Proterra公共汽车售价为60万美元。但城市官员还必须考虑车辆性能、预期使用寿命和年度维护成本。

这是电力行业面临的最大挑战。洛杉矶有一个案例可以说明在非传统燃料上下大赌注可能会出现问题。长期以来，该市一直渴望减少雾霾，并承诺到2030年将公共汽车的排放量减少到零。因此，当中国工业巨头比亚迪［BYD，该公司表示该名称是"Build Your Dreams"（成就你的梦想）的缩写］的代表团抵达洛杉矶，并计划在附近的兰开斯特制造电动公共汽车时，他们受到了当地人的热情欢迎。毕竟，比亚迪承诺在尖端的绿色产业中提供大概1 000个制造业工作岗位。这对政客来说简直就是猫薄荷般的诱惑。奥马哈先知沃伦·巴菲特是这家公司的主要投资者。

比亚迪没有制造公共汽车的历史。该公司在1995年成立于深圳，最开始公司的业务是生产手机电池，后来将其领域拓展到了电动汽车,最后进军公共汽车行业。它出现的时机极好。随着雾霾问题越发严重,政府推动交通电气化。这意味着电动公共汽车的市场将近无限。(麦肯锡公司称,仅在这种背景下,2017年中国城市就购买了 8.7 万辆电动公共汽车。整个美国的电动公共汽车加起来也就只有 7 万辆,在最大的市场纽约市中只有不到 6 000 辆。[9])

2008 年 9 月,就在全球市场崩溃之际,巴菲特的伯克希尔·哈撒韦公司以 2.32 亿美元的价格收购了比亚迪 10% 的股份。巴菲特认为,比亚迪公司创始人——亿万富翁王传福是一位未来交通革命的领导者。他说,他的长期商业伙伴查理·芒格将王传福形容为托马斯·爱迪生和比尔·盖茨的结合体。

也许王传福会拔高行业水准,但并非一路坦途。在巴菲特投资之后的 10 年中,比亚迪在兰开斯特设立了工厂,包括洛杉矶在内的南加州城市从该公司订购了 3.3 亿美元的电动汽车、卡车和工业设备。根据 2018 年《洛杉矶时报》的调查,这些电动公共汽车带来的只有麻烦事:充电能力太弱;爬坡没有动力;实际行驶里程比厂家标称的 155 英里少了很多,平均行驶 58 英里就需要再次充电;比柴油车更常抛锚。[10] 比亚迪副总裁将问题归咎于洛杉矶县都会运输局,说它设的公交站点太多,使车要爬非常陡峭的山坡。

你可能会认为,对于瑞安·波普尔而言,最大的竞争对手有质量问题是可喜的消息。但是每辆出故障的电动公共汽车,无论是谁制造的，都会损害这个新兴行业的声誉。同样的形势威胁着其他新兴的移动产业。如果自动驾驶汽车在百老汇街上造成交通拥堵，或者苹果无线耳机掉入海中，人们都将质疑该技术的可行性。

为了消除公众对电动公共汽车的疑虑，波普尔对其进行了测试。在2017年的一项试验中，Proterra的公共汽车在充了一次电后行驶了1 100英里，打破了纪录。但这完全不是在正常情况下测试的结果。测试过程中既没有乘客也没有车站，而是在印第安纳州的一条平坦跑道上一路狂奔。尽管如此，它仍然符合Proterra的承诺，即其公共汽车只需要充一次电，就能在满载数十名乘客的情况下在城市路线上走走停停250英里。在接下来的几个月中，该公司获得了西雅图和芝加哥的大量合同。

但是，波普尔也是工程师，一想到能源市场上的校车或校车车队就特别兴奋。美国有将近50万辆校车在运营。这是美国城市车队总数的7倍还多。但是，每天校车仅在两个时段满载运行，即星期一至星期五早晨的一两个小时和下午的一两个小时。其余时间，大多数校车都闲置着。

这就是能源市场大显身手的地方。如果你专注于这些公共汽车的电池，则每一块都是电力资产——一个强大的储能单元。一辆电动公共汽车吸收着从太阳能电池板倾泻而出的便宜午间电力。晚上晚些时候，人们回到家中打开电视和空调时，它可以将一些能量返回电网。协调替代能源的供应与市场需求是该行业面临的巨大挑战。电动校车可能会有所帮助。

而且，这些储能单元都在车上，可以行驶到需要电力的地方。灾难时刻或许可以证明其作用。"想想当玛丽亚飓风袭击波多黎各，人们没有灯光，而医院也没有电的时候。"波普尔说，配备大型电池的校车"本来可以发挥很大的作用"。

*****

随着机械车辆逐步转变为电子设备，就会发生这种情况。业务之间的旧壁垒逐渐消失，校车进入电力行业，服务业进军出租车行业。这是一次巨大的重组，是一场混战，为行业新人创造了机会，并给大型企业（不管是公用事业公司还是汽车公司）带来了风险。这使我们把目光收回到克里斯·托马斯这边。他不再在底特律市区伍德沃德大街上的办公室工作。2018年的秋天，他离开了Fontinalis，投身于一家新创业公司——底特律出行实验室。他说："当你着眼于全球汽车生态系统时，这里什么都有。这是我们可以利用的遗产。但是我们怎么才能赢？这是我一直在问自己的一个问题。"然后他回答了自己的问题："我们需要招募人才，创建公司，吸引投资。"因此，他说，他的任务是建立本地人才基地，来使底特律保持其在汽车经济的中坚地位。波士顿咨询集团的一项研究估计，新的出行方式将在美国创造10万个新的就业机会。[11] 然而，其中约3万个最好的岗位将在人工智能、机器人技术和网络安全等领域。在美国市场上，这些领域的大多数人才都居住在沿海地区。

  为了培养底特律的专有技术，托马斯小组计划建立一所学校，一所真正的实体学校，称为底特律出行研究所。它将对底特律的专业人士和商人进行培训，使他们了解21世纪的出行行业所需的技能。来自福特的执行董事杰西卡·罗宾逊表示，该研究所将与大学合作伙伴以及行业合作，到2021年将提供一个新学位，即出行学硕士。如果成功，毫无疑问，该研究所的一些人才将养活那些传统的汽车制造商。是的，一些毕业生可能会创办公司，破坏那些在汽车行业中存在了百年的企业，甚至取代它们，但健康的生态系统就是这样运作的。

第五章
赫尔辛基：编织魔毯应用程序

马斯库镇位于芬兰西海岸附近，在一条将图尔库和北极圈附近的北部城市奥卢连接起来的公路上。公路东边是绵延的波罗的海群岛，有6 000多个岛屿。西边遍布池塘，掩映在丛丛白桦和橡树林中。马斯库有8 000人口，沿着高速公路两侧扩张，像美国得克萨斯州或阿拉斯加州的小城镇一样占地随意。这里有充裕的空间。人们依赖车辆出行。

对于某些人而言，跨镇参加足球练习着实是一大烦恼。21世纪初，有个叫索尼娅·海基拉的女孩，她是个高个子金发运动员。在少有的天气较好的几个月里，她会骑自行车去参加练习，等到15岁时，她买了一辆小型摩托车，这对出行很有帮助，但在漫长的冬季，摩托车只能停放在车库中。在马斯库，出行是一件麻烦事。

2008年，海基拉18岁时，移居芬兰首都赫尔辛基，在阿尔托大学就读工程学。与马斯库相比，赫尔辛基起初仿若公共交通的天堂。电车源源不断地围绕湖泊蜿蜒而行，穿过大型广场，到达港口。赫尔辛基的公共汽车众多，甚至还有一条地铁线。但海基拉仍挣扎不已。她对自己在足球训练后站在黑暗的角落里，冒着冰雪等待公共汽车的记忆非常深刻。她回忆道："大多数时候天气非常恶劣。"最终，她实在受够了，买了一辆老旧的二手菲亚特蒙多，但后来车子经常出故障。

海基拉头脑聪明，十分认真，是个问题解决者。和全世界数十亿人一样，她几乎每天都面临着出行挑战。出行困难耗费了她宝贵的时间和金钱。她意识到，即便有电车和公共汽车，赫尔辛基仍然是一个汽车之乡。没有可靠汽车的人成了下层阶级。她说："有车一族拥有出行自由，而其他人则没有，这不公平。"

当然，海基拉有智能手机，只需轻轻一点，她就可以播放音乐，查询天气和地图，并给朋友发短信，但最需要的应用程序——出行应用——却没有。没有出行应用程序，是因为赫尔辛基和其他地方的公共汽车数据未能整合。

这并不意味着数据没有用。例如，公共汽车数据提供了很有价值的服务。早在20世纪90年代，芬兰人就可以通过短信服务在当时最基本的手机上查询下一班车何时到来了。如果还有15分钟，他们可能会在室内逗留更长时间，再喝杯咖啡。

这种数据很有价值，但它是孤立的。出租车和有轨电车也都有各自的数据。公路当局也是如此，他们可以追踪流入首都的 7 条高速公路上的车辆交通。在赫尔辛基市中心的一个控制中心，许多数据汇集在一起，提供每一分钟对首都交通动态的观察。但最需要这些数据的人——那些每天需要从一个地方抵达另一个地方的人——却没有相应的应用程序，他们的出行近乎盲目。

海基拉希望有这样一个不仅可以比较各种出行方式，还能直接下单的应用程序。这一应用程序运行非常顺畅，人们甚至可以摆脱对汽车的依赖。

从很多方面来说，海基拉所设想的应用程序与数字经济的其他趋势（如音乐等）相吻合。在 2008 年 18 岁第一次来到大学时，她和她的大多数同学都随便听自己想听的歌曲。他们从合法下载渠道［如苹果的 iTunes（免费数字媒体播放应用程序）］或盗版网站［如 Kazaa（点对点文件共享工具）］下载歌曲。最离奇有趣的是，他们会从 CD 上复制音乐。［2008 年，许多人仍然在 iPod（苹果播放器）上听这些下载的歌曲，变化真快啊！］然而，4 年之内，整个音乐产业发生了变化。人们不再随意下载歌曲，而是越来越多地在 Spotify 和 Pandora（流媒体音乐服务商）之类的应用程序上订阅音乐服务。音乐爱好者每年只需花费约 100 美元（8 张或 10 张 CD 的价格），就能轻而易举地携带一台无重量的自动点唱机，播放任何梦寐以求的歌曲。

流媒体提供的是"音乐服务"，而海基拉的应用程序提供的则是"出行服务"。这个概念在其他地方也很普遍,然而,海基拉为赫尔辛基提出了一个具体的建议,她称之为MaaS(出行即服务)。不过用户不是请求播放歌曲或交响曲,而是预约出行时间和地点。该应用通过分析程序处理各种出行数据流,提出交通的最佳组合方案,每种方案都附有预计到达时间。同时,该应用甚至可以无缝付款,因此,海基拉上公共汽车时不必费心准备零钱。

赫尔辛基不是一个大城市,人口为65万,面积相当于田纳西州的纳什维尔或俄勒冈州的波特兰。赫尔辛基都会区人口占芬兰总人口的1/4,但也仅有150万人。在这个中型市场中,赫尔辛基交通领域的业内人士相互都认识,无论是在大学还是在都会当局。因此,海基拉的想法在他们中间迅速传播并不足为奇。不久之后,赫尔辛基的交通部门委托这位年轻的工程系学生继续推进提议,并对MaaS进行了深入的可行性研究。随后几年,海基拉扩展并完善了自己的愿景,并于2014年将其作为硕士论文发表。[1]

海基拉的核心理念是,提供与拥有私家车相当的服务。她写道,显然,没有任何一项服务能够与汽车相匹敌。无论赫尔辛基向电车和地铁扩建投入多少资金,公共交通永远都无法覆盖每个家庭。在芬兰夏季的无尽阳光下,骑自行车很棒。但这只是部分出行方案,肯定不适合所有人。

要与汽车竞争,该出行应用必须为每个人提供出行选择,从出租车、地铁到共享滑板车。其交通方式的选择将是多模态的。海基拉大胆设想，一旦提供了这样的服务，赫尔辛基将领先世界其他地区进入智能出行时代。绿化空间将会扩大。其应用可能改变整个城市的生活，甚至改变整个城市的地貌。

当然，这种出行应用程序比 Spotify 之类的音乐应用程序要复杂得多。相比通过数字网络发射 1 和 0，移动分子要花费更多精力和金钱。但正如海基拉在论文中所指出的，包括 DHL（敦豪航空货运公司）和联邦快递在内的许多物流公司，已改进了运输的数学算法。它们可以在一两秒内确定将吹风机从中国台湾的仓库送到美国新泽西州提内克公寓的最佳路径。最佳路径可能涉及六七种不同的运输工具。这些巨头已经以自己的方式掌握了多模态运输。

制造业巨头也是如此。宝马和三星等公司精心协调巨大零件供应链的运转，这些零件安装在它们生产的汽车、电话和微波炉中。这是同一主题下的另一种应用。因此，以最佳成本和速度将分子的复杂集合从 A 点移动到 B 点，涉及大量的专业知识。现在，这只是将科学应用于赫尔辛基人的出行——然后围绕这一点建立服务业务，并将其融入应用程序中。

在海基拉制订计划时，优步和来福车等汽车共享服务平台正在城市中兴起。10 年前，共享单车还是一个新奇事物，现在随处可见。随着新交通方式的涌现，MaaS 这一概念变得日益强大。正如海基拉所见，服务提供商将出售不同级别的订阅服务。

豪华型方案可能会给客户提供更多的出租车和共享汽车，甚至自动驾驶舱。经济型方案则更多依赖于自行车、摩托车和电车。用户可以调节选项，询问最快捷、最便宜、最环保，甚至风景最漂亮的路线。

2014年春季，海基拉发表论文时预测，到2025年，人类的出行领域将发生一场革命，出行方式将变得更清洁、更环保、更快捷、更便宜、更有趣。当然，海基拉并非仅考虑赫尔辛基，她想改善世界各地人口的出行。

*****

5月中旬，赫尔辛基。波罗的海吹来阵阵大风，当地人仍然穿着大衣戴着毛线帽出行。即使日子一天天变长，太阳在晚上10点后才下山，公园和街道边的树木仍只带有一抹灰绿色，但是天气变化很快，仅仅一个星期后，赫尔辛基似乎就步入了夏天。沿着漂亮的滨海大道，长长的公园两侧有两条林荫大道，人行道上的咖啡馆挤满了人，喜爱阳光的芬兰人在草地上张开四肢躺下，沐浴阳光。

一个阳光明媚的星期一，桑波·希泰南乘电梯从市中心的办公室下来，在一楼的一家亚洲餐厅吃午餐。他穿着短裤和条纹短袖衬衫。和其他人一样，他周末的大部分时间都在室外，脸看起来晒伤了。

第五章　赫尔辛基：编织魔毯应用程序

在索尼娅·海基拉构思 MaaS 时，希泰南率先将其构建为业务。希泰南的出行服务初创公司 MaaS Global 向一项名为 Whim 的服务应用程序出售每月出行订阅服务。尽管细节有待完善，但其前景是用户输入目的地和到达时间，该应用程序便可以立即安排好行程，通常包含不止一种交通工具。对于部分人来说，这可能涉及搭车前往电车站，随后骑共享单车到达目的地。所有费用都将包含在每月的订阅服务中。一些用户会为更丰富的出行方式支付更多费用——更多地搭乘出租车，少骑自行车。其他人会选择经济节省的方案，更多地依赖公共交通。

迄今为止，该项服务仍在开发之中。大部分订阅用户处于"免费"状态，使用该程序只是为了排队等候公共汽车，但要为每次的行程付费。但该业务的订阅服务正在加速发展。

40 多岁的希泰南，面容仍然带有孩子气。海基拉在撰写订阅出行服务的论文时，希泰南也在沿着同样的思路思考。像在赫尔辛基的小型流动人群中的其他人一样，希泰南追随了海基拉的工作，之后着手将其发展成一项业务。希泰南将前额的一缕头发拨到一旁，没怎么碰三文鱼沙拉，用流利的美式英语详细描述了出行服务改变世界的潜力。

他说："近一个世纪以来，交通业并未出现生产力飞跃。"现在，有了智能手机和云计算，我们已经准备好迎接下一次生产力飞跃。他预测，MaaS 用户将节省数千欧元和大量交通时间。"每天多出 90 分钟，你会做什么？"

希泰南认为，这个新兴行业面临的最大挑战是淘汰汽车这个强大的冠军。他指出："汽车已经存在了一个世纪。可能是有史以来最成功的业务。"尽管存在很多不利因素（如高峰时段交通拥堵、致命的撞车事故、烟雾、超速监视区和停车麻烦等），但汽车仍保持着持久吸引力。人们想要一辆汽车，因为它代表了自由的梦想。一旦你想去某个地方，汽车随时待命，为你效劳。这是人类距离编织魔毯最近的时刻。

汽车的统治地位并非完全取决于其无与伦比的续航能力和实用性，还与我们最原始的冲动和欲望交织在一起。整整一个世纪的时间里，设计、心理学和市场营销领域的一些杰出人才都在努力加强我们与汽车之间的情感纽带。在一个混乱的城市中，很多人会自然而然地躲在汽车里寻求庇护。汽车提供了一个私人空间，就像一个茧。此外，在世界上许多地方，我们所居住的建筑和城市都是围绕汽车来设计的。也就是说，我们大多数人生活在汽车世界中。

智能手机应用程序将如何与之竞争？在初期阶段，无法竞争，就那么简单。甚至希泰南和他的妻子仍有一辆汽车，主要用来接送四个孩子。他出行服务的第一波订阅者主要是少数无车族。这些客户包括坚持骑自行车的人、缺钱的学生、忠实的环保主义者以及买不起汽车（但有智能手机）的人。当然，海基拉也是一位订阅者。

但在芬兰这样繁荣的国家，出行订阅服务不能仅靠这些边

第五章 赫尔辛基：编织魔毯应用程序

缘人群蓬勃发展。要改变赫尔辛基的出行，并使经济学发挥作用，MaaS必须赢得大众市场。更多乘客产生更多供应，只有从电车到共享汽车的供应都增加，赫尔辛基才能创建一个充满活力的出行生态系统，让各种出行应用程序互相竞争，提供与汽车相当的各种选择。为了赢得大众市场，这个新兴的服务业需要规模经济。这意味着要吸引赫尔辛基30万名开车者中的一大批，诱使他们远离笨重的汽车。

这就出现了先有鸡还是先有蛋的问题。只有车主改变出行方式，这项服务才能大获成功。但在希泰南的应用程序提供与魔毯相当的服务之前，他们会怎么转变出行方式呢？是什么让他们大胆尝试呢？在互联网业务中，常见的一种选择是以低廉的价格提供服务，通过短期亏损占据市场份额。这正是Spotify在音乐领域、亚马逊在电子商务领域的战略——确实，这也是优步在打车应用程序中占据市场主导地位的核心战略。

但希泰南认为，仅打经济算盘并不会影响驾车者。即便像许多人一样通勤上班，他们仍然会为一年六七次的湖泊和池塘别墅旅行保留汽车。这是芬兰生活的基础，这是坚持保有汽车者的思维定式。这些人（代表我们中的20亿人，发达经济体中的大多数成年人）在脑海中常常会想象可怕的场景。他们都遇到过相同的情况：急需汽车时却没有车。

因此，人们坚持保有自己的车辆，有时仅出于可笑的原因。两三年没有打高尔夫球的人仍在憧憬有机会要携带球杆到高尔

▶▶ 出行革命

夫球场挥上几杆。希泰南指出,在日本,近一半的汽车车主每月开车不到一次。他们保有汽车,仅仅是为了在某个心血来潮的周末去山里,或者游览名品折扣店。车不过是一种保险。你的花费远超其实际价值,不过是确保在需要时可以用到车,在高税率的芬兰,一辆车的年均花销将近 1 万欧元。

为了促使人们从拥有汽车飞跃到订阅出行,希泰南计划向他们承诺带来神奇的转变。他说:"我们要做的就是给他们一个梦想。"MaaS 订阅服务必须以新体验吸引用户。

来看这样一个假设。以一个名叫佩卡的通勤者为例,他住在埃斯波,这是赫尔辛基海湾对面的广阔郊区(是被誉为"倒下的手机巨头"的诺基亚的总部)。有一条新地铁线将埃斯波与赫尔辛基连接起来,但佩卡离地铁站有几英里之遥,他仍然更喜欢驾驶车龄达 5 年的丰田凯美瑞到镇上(这得益于赫尔辛基的许多公司支付停车费)。

我们来看一下佩卡的凯美瑞。汽车当然为他提供了一个个人空间或者说"茧"。在交通高峰期行驶缓慢时,佩卡可以大声播放音乐,可以随心所欲地唱歌。尽管很少有人将其称为魔毯体验,但汽车至少可以满足佩卡的日程所需。然而,凯美瑞的脏兮兮的杯架和后座却不足以激起他的热血,这辆车的动力一般,无法彰显车主的社会地位,地毯上沾满了泥。就吸引异性而言,佩卡的通勤经历没有任何影响。用斯卡林格的服装类比来说,凯美瑞是佩卡 5 年来每天都穿着的"衣服"。

希泰南说:"现在,如果我们每个月为他提供一次(租赁的)法拉利或保时捷呢?"随着从汽车制造商到 Hertz 和 Budget 等汽车租赁巨头的传统汽车业适应服务经济,这种类型的交易将成为可能。他指出,这些公司会按天或小时将车辆投入 MaaS 生态系统中。可以想象,享用豪华车几个小时会注入魔力,而对于大多数人来说,这是拥有汽车所无法提供的。佩卡可能在星期六晚上开法拉利接他的妻子,这会给他们俩带来特殊的体验。或者,他可以开一辆震惊队友的车参加星期日上午的足球比赛。多么彰显自己的社会地位!

订阅出行有无限的可能性。人们可能每月乘坐垂直起飞的空中出租车——它们未来 10 年内就可能在赫尔辛基上空飞来飞去——出行几次,抑或进行一次从赫尔辛基港到爱沙尼亚首都塔林的 90 分钟航行,在回程时享受一两杯香槟。也许只有小部分人会花时间进行这样的旅行。希泰南认为,这样更好。他笑着说:"一旦发现有什么事情是用户不做的,那就想办法让他们都来做。"

希泰南的梦想远远超出赫尔辛基和埃斯波的范畴。一旦世界各地的城市实施各自的出行订阅服务,商家便可以开始提供漫游服务。订阅漫游服务的芬兰人可以飞往维也纳或洛杉矶,随后以同样的多模态交通,乘坐公共汽车和自动驾驶出租车在城市中旅行,不必担心付款。希泰南说,随着时间流逝,MaaS 的订阅服务甚至可以涵盖航空旅行。这样一来,订阅服务便成为个人在全球出行的门票，因此，他将公司命名为 MaaS Global。

但在希泰南用意大利跑车或上海的无缝交通体验吸引用户之前，他必须在赫尔辛基整合一套可行的产品。第一步是对所有交通数据均采用同一标准进行采集，让所有内容都可以在同一应用程序上协同工作。

希泰南得到了芬兰政府的大力支持。2018年，芬兰政府通过立法，向所有参与者开放出行数据。为了在芬兰开展业务，优步和出租车公司之类的汽车共享商必须提供其所有数据的访问权限，例如汽车的位置和可用性，以及价格和时间信息。政府允许希泰南这样的供应商将数据提供给订阅用户。从赫尔辛基地铁到共享滑板车，每项出行服务都必须做到这一点。这项立法推动芬兰实现海基拉的初衷。根据法律，所有交通方式都必须适应通用的开放标准，并融通于相同的应用程序。芬兰在统一技术标准方面有一些经验，这是芬兰国家发展战略的关键。1991年，芬兰的 Radiolinja（移动通信公司）推出世界上首个数字手机网络，芬兰人后来又推动全球移动通信系统（GSM）成为欧洲标准。当时美国拥有许多蜂窝移动技术，既有模拟的，也有数字的，这些技术通常无法相互交流。20世纪90年代，芬兰人或德国人可以将手机带到伦敦或里斯本，正常运行，这在当时显得十分神奇。今天，我们认为这是理所当然的。这项欧洲标准为像芬兰这样的小国提供了一个真正的洲际市场，并助推芬兰的诺基亚公司占据无线通信的全球领导地位。大约在

第五章　赫尔辛基：编织魔毯应用程序

2000 年，芬兰是最不被看好的技术热点地区。

在手机主要用于通话时，诺基亚主导了整个行业。但在移动设备的下一个阶段——智能手机，这家芬兰公司就出局了。2007 年苹果发布的 iPhone 确立了新标准，诺基亚未能跟上潮流。2014 年，曾经价值 2 500 亿美元的诺基亚公司，仅以 72 亿美元将其手机业务出售给了微软。[2] 不到两年，微软就关闭了该部门，并将收购价作为亏损注销。

对于芬兰人而言，这种结局并不理想，但不要忘了其电话策略所取得的成就。芬兰的人口仅 550 万（芬兰人的母语非印欧语系，99.9% 的人难以理解），却一度成为当时最重要的技术革命——移动通信领域的领导者。这为芬兰带来了数十亿美元的投资，并培训了一支世界一流的芬兰工程师和技术人员队伍。他们的才智为芬兰的经济提供了动力，芬兰的通信基础设施使其跻身全球前列。

现在的问题是，芬兰人是否可以在出行方面取得类似成功？其策略有一些相似之处。从赫尔辛基开始，芬兰可以为世界其他地区开发模型，随后输出其出行领域的经验和软件，像希泰南的 MaaS Global 这样的公司可以扩展到芬兰境外，但更大的收益则是赫尔辛基的转型。如果出行服务能兑现承诺，那么芬兰首都赫尔辛基可能会让世界羡慕不已：创新、高效、更安全、更环保（尽管漫长的冬天仍是不利因素）。

希泰南认为，从汽车拥有型经济转变也能释放出巨大财富。

他从投资者的角度看待以汽车为中心的主要出行现状。"如果有人给你机会投资一家在95%的时间里都闲置的工厂呢？"他说道，"这太荒谬了！"在他的计划中，出行的资本机制将以这种效率的数倍运行——社会将获得经济回报。

一旦成千上万名芬兰车主不再每年花费1万欧元购买、维护和操作一台大多数情况下都处于休眠状态的机器，就相当于这些车主获得了大幅加薪。

多出的这部分钱，其中只有一小部分将用于出行订阅服务。但到那时，由于出色的资源管理，这类服务将便宜得多。大小不同、形状各异的交通工具每天都会运行多个小时，给社会带来更多的投资回报。因此，希泰南认为，高级出行订阅服务（一次根据需要开车前往乡村的旅行，甚至是可以沉浸在香槟中航行至爱沙尼亚的旅程）可能每月仅需花费500欧元，即每年6 000欧元。其他订阅服务的费用仅为一半，甚至更少。这样一来，原先的车主每年就可以随心所欲地花费省下来的数千欧元！

*****

后汽车时代的经济会非常有趣。在得克萨斯州的奥斯汀市租一辆共享滑板车，随后骑车上大学。登上塔林的免费地铁，乘坐空中出租车滑翔经过迪拜高耸的哈利法塔。何乐而不为呢？

但在许多城市，推动这种转变不仅需要激励，还需要管制。在许多城市，管理困难（让驾驶变得更为困难和昂贵）是至关重要的因素。伦敦在征收惩罚性反拥堵费用方面位居前列。这清楚地表明，在城市驾驶汽车并非权利，而是一种特权，需要付出高昂代价。自从首辆T型车诞生以来，情况就是如此，其他城市也在逐渐流行。

对于汽车驾驶者而言，更大的痛苦——可以逆转汽车时代的痛苦——在于减少停车位。这就打到了汽车驾驶者的痛处，因为绝大多数私家车需要停车位就如需要燃油一样迫切。在赫尔辛基，地下停车场代表了献给汽车的整个地下世界。在很多情况下，这是由政府规定的。

市政府的许多人都喜欢开车，他们非常担心停车位减少——不仅是为了自己，对于许多选民而言，这也是一个敏感问题。人们经常听到该问题。正是由于停车问题的紧迫性，世界各地的城市对停车进行补贴，使许多街道上允许免费停车，并为此投入无尽的优质房产。

在海基拉所想象的赫尔辛基和希泰南致力打造的赫尔辛基，这种20世纪的情况无法容忍。在芬兰首都，同其他面对出行变革的城市一样，停车是政策争端的缘由。通常，停车问题会使开发商与城市监管者抗衡。芬兰的主要建筑商YIT（工程设计和咨询公司）近期申请在港口附近建造高层房屋，但其停车空间却有所减少。负责城市发展的执行副总裁尤哈·科斯蒂艾宁指出,该公司认为建设停车位增加了不必要的费用。已经有很多年轻人不依赖汽车四处走动了。如果不必为停车位付费,他们中的更多人将有能力负担市区住宅。每个地下停车位的成本约为5.5万欧元,远超过芬兰人的年均收入4万欧元。"我们说过:'会冒险尝试。'"科斯蒂艾宁表示,"让我们用更少的空间去建造停车场。如果不受欢迎,市场价格会下跌。"

市政厅对这个主意并不买账。当然,人们担心的是,如果城市官员减少停车位,大批愤怒的驾驶者将在赫尔辛基无尽打转,污染空气,拥堵街道,寻找不存在的停车位。政界人士并非对未来视而不见。但如果将其强加于今天的驾驶者,他们担心懊恼的驾驶者会让他们下台。

这是世界各地的城市中至关重要的政策问题。在赫尔辛基,环保主义者或绿党与保守派相对抗,城市居民与郊区居民相对抗。核心问题是,减少停车位是会引发政治反弹,还是可以改变人们的行为?如果停车让人们过于头疼,是否会有更多的驾驶者不再开车去城镇,甚至有些会放弃私家车并订阅出行服务?

毫无疑问,奥措·基韦凯斯在这个问题上的立场非常明确。他是当地绿党的活跃分子,也是芬兰自行车协会的主席。他在一个年久失修的办公室里工作,这个旧建筑天花板较高,油漆剥落。基韦凯斯具有健壮的自行车手身材,在赫尔辛基漫长的冬季也坚持骑行。他留着黑胡子和长马尾辫,一条蓝色蛇的文

第五章 赫尔辛基：编织魔毯应用程序

身缠绕在他的左臂上。

基韦凯斯和妻子没有汽车，他平时让两个女儿坐在一个四轮小拖车上，然后把拖车和他的荷兰制造的电动自行车连接在一起来接送她们。得益于脸书上1.7万名积极分子的支持，基韦凯斯和绿党成员成功推动赫尔辛基在冬季清扫中央自行车道。清扫车道不能只是铲开道路上的积雪，这样做仍会留下危险的冰层，也不要试图在路上撒盐，那样会刺破轮胎。赫尔辛基的交通运输系统的工作人员会用长扫帚扫雪，这项工作非常艰苦。

基韦凯斯十分强硬，在为赫尔辛基的未来而战。正如他所见，一场空间争夺战正在酝酿中，一边是汽车，另一边是其他交通工具。空间本身是不可改变的。它既可以为汽车提供一个宜人的环境，也可以不欢迎汽车，而后者是基韦凯斯喜闻乐见的。

基韦凯斯表示，除了赫尔辛基市中心的小片步行区外，这座城市像是为汽车建造的。无序拓展使它比附近的斯德哥尔摩或奥斯陆更像一个美国城市（尽管没人会将赫尔辛基的无序拓展与休斯敦或洛杉矶混为一谈）。他指出，规划人员在过去几十年中施行了单一用途区划法规，企业、学校、医院和住宅彼此分开，以公路相连。他说道："规划人员数十年来所做的一切都是错误的。"绿党的目标是增加都市圈的密度，减少道路，并建设更多的住宅和商业区空间，以使更多人骑自行车就能通勤或步行抵达地铁站和电车站。

▶▶ 出行革命

自然，保守党以汽车为中心的成员很难对此感到认同。但基韦凯斯表示，绿党找到了分裂反对者的方法。这个方法与金钱有关，具体而言，是建设绿党所希望的多用途建设项目的资金。他笑容满面地说道："保守党有两翼人士——汽车翼人士和建筑翼人士。"汽车带来选票，但建筑带来金钱。回填赫尔辛基的无序拓展区域，并为下一阶段该地区的出行做准备，涉及许多建筑合同，这可以得到跨党派的支持。

最终的城市规划在很大程度上受到绿党的影响。七条高速公路连接赫尔辛基和郊区。新的规划将推平这些宽阔的高速公路，并将其转变为较窄、通行速度较慢的地面道路，之后再将大部分多车道改造为人行道、自行车道、中心绿化带和电车轨道。

对于政府而言，这可能有点过火，但政府不仅要考虑驾驶者的反抗，还要考虑港口的卡车交通——这是芬兰与欧洲其他地区之间至关重要的航运枢纽。结果可能是绿党的方案被修正，或许只有两三条高速公路变为绿道。尽管对于基韦凯斯这样的反汽车人士来说进展太慢，但转变正在向前推进。赫尔辛基正在打造下一代出行方式。这使海基拉的出行服务梦想更加接近现实。

*****

接待员打了个电话，几分钟后，芬兰最大的银行 OP Financial

（OP金融集团）的大厅中出现了一个金色长发的高个子年轻女性。她穿着亮丽的钴蓝色连衣裙。

我们坐下后，海基拉用一口流利的英语解释了她是怎样成为一名银行家的。攻读完学位后，海基拉就职于芬兰国家技术创新局，这是一个政府资助的技术创新机构。她自然而然地致力于整合出行领域的创新。

同时，OP金融集团的高管看到，海基拉所推动的变革可能会颠覆自身业务在内的各种业务。该银行历来有10%的业务在汽车融资和保险领域。如果数十万芬兰人不再拥有汽车并开始订阅出行服务，那么这些收入流将会怎样？

该银行在2016年聘用海基拉，并给了她一项简单的任务：为下一阶段的出行方式设计新的银行服务。就海基拉而言，她并没有偏离改善芬兰出行方式的目标。她说道："但是现在，我拥有一家大银行的资源。"

矛盾的是，设想下一阶段出行方式的人正在设计为人们提供车辆的新方法。在冲动的学生时代，海基拉似乎是芬兰出行领域的先知，她坚持认为，许多人误解了自己的目标。"他们以为我想要一个没有汽车的世界。"她说道，"但我想要的实际是一个人们不需要拥有汽车的世界。"

海基拉仍然没有车，她订阅了希泰南的出行应用程序Whim。但是依据经验，她知道该应用程序仍然存在很大的漏洞——目前只有汽车可以弥补这些漏洞。例如，在与家人去海边度假或搬运运动装备穿过小镇时,她需要一辆汽车。尽管有缺点,但汽车在出行和搬运物体方面仍然无与伦比。

在海基拉看来,汽车不是敌人。敌人是拥有汽车的低效率,资源连续闲置数小时甚至更久,浪费宝贵空间,并且通常每次只运送一个人。她指出,银行的关键是要提供一系列灵活的服务——她设计了五项服务,数目还在不断增加——为个人和公司在需要的时间段提供更清洁的电动汽车。根据这种方案,购买汽车的芬兰人逐渐减少,而流通的汽车则更接近其使用负载,从而减少浪费。

海基拉设计的汽车服务整合到希泰南销售的出行服务中只是时间问题。未来并非没有汽车,它们仍然存在,只是数量更少。汽车业不再是出行经济的巨头,而只是其中的一小部分。

第六章
与老鹰和夜莺为伴

如果你沿着墨西哥城的改革大道行驶，会经过金色独立天使纪念碑，穿过查普特佩克公园，若再继续往前开几英里，你会发现自己身处豪华住宅区，其中一些住宅门口有武装警卫把守。这里是墨西哥城的洛马斯·德查普特佩克区。

浓密的橡树和蓝花楹树冠遮挡了大部分景色，但如果你从某些地方眺望，山下一直延伸到地平线的墨西哥城全景将尽收眼底。柔和的粉色、蓝色和绿色的房屋鳞次栉比，一年四季几乎笼罩在浓雾之下。这座首都城市的大街小巷看起来像蚀刻版画里的灰色线条。

最远处，与市中心的索卡洛广场和16世纪大教堂遥遥相望的，是墨西哥城的贝尼托·胡亚雷斯国际机场。对于洛马斯·德查普特佩克区和邻近山丘上其他富人区的许多人来说，机场是他们的主要目的地。说得委婉些，开车去机场并不是一个愉快又便捷的旅程。在出行高峰期，约13英里的车程可能最快也需要一个半小时。如果米盖尔·阿莱曼高架桥或内环线发生交通事故，则可能会耗费双倍的时间。交通瘫痪时，街头犯罪的概率便大大提升，尤其是那些乘坐豪车的人更容易被盯上。于是墨西哥的一些富人在城市里穿梭时都带着保镖。

离洛马斯·德查普特佩克区下山约5分钟路程的是Voom公司的直升机停机坪，Voom是一家隶属空中客车的网约直升机公司。Voom提供10分钟到达墨西哥城国际机场的航班，或更长时间到邻近的托卢卡机场的航班，收费约为140美元。该公司在巴西圣保罗也开通了直升机即时预订服务。圣保罗是一个特大城市，那里纸醉金迷、车水马龙，但往往也孕育着与繁荣成正比的罪恶。

乍一看，"空中飞的"并非什么新鲜事。为了节省一两个小时的时间，富人花费的成本比一个工人一周挣的钱还多。他们飞越困扰其他人的危险与交通堵塞，这就是财富的特权。

想象一下，如果大都会地区到处都有小的直升机停机坪，并以更优惠的价格为乘客提供体形小和噪声小的城市电动飞行器服务会如何呢？如果人们每天都可以通过拼车应用程序按需预约飞行航班，又会如何呢？这就是Voom公司和全世界其他许多航空公司的愿景。在它们看来，飞行服务未来的趋势是采用更小巧的电动垂直起降（eVTOL）飞行器。优步已经宣布计划于2023年前在洛杉矶和达拉斯建设这些概念飞机的网络。[1] 许多公司，包括空中客车和波音的子公司，以及德国的Volocopter（电动飞行出租车研发公司），都在争取投放迪拜市场。富豪云集的迪拜对飞行汽车的需求迫切而巨大，这些合作计划可能还会提前。

在优步的一段宣传视频中，一名乘客从容地走到楼顶的指定停机坪，与其他幸运儿一起坐上空中客车制造的电动飞行器。过了一会儿，她俯瞰下面一如往常糟糕的公路交通，摇了摇头，松了一口气，显然她已经达到了更高的出行水平。

然而，在出行革命的另一片天空，关键问题依然存在。这不只是飞行技术是否可行的问题——我们可以从大量已经实现商业运营的无人机中知道，至少在受控场景下，飞行技术是可行的。更大的问题是利用这些飞行技术能否催生盈利和可持续的公司，以及社会是否会出于安全、环境和社会公平的角度考虑，对市场进行智能、有效的管理和监管。

回顾直升机和私人飞机的历史，我们猜测天空将仍然是富人的专属领地。如果仅为富人服务，那么这个产业将会失败，因为电动垂直起降飞行器的案例是基于大众市场的——繁忙的航空网络为大众提供出行服务。

如果载客直升机不改进，这项产业可能就不会成功。想象你乘坐其中一辆直升机穿越墨西哥城或曼哈顿中城，这将是一个如梦般的体验，不过这是一个嘈杂的梦，因为这项技术的很多方面仍相当糟糕。载客直升机需要训练有素的飞行员，并且飞行时会消耗大量燃料。降落和起飞时，螺旋桨会搅动厚厚的尘埃云，把路面上的鹅卵石碎成玩具子弹大小。飞行产生的噪声震耳欲聋。Volocopter 的公共事务主管法宾·内斯特曼称直升机的噪声是其最大缺点,"没有人想让直升机降落在他们旁边"。

*****

美国设计出一款私人概念飞机,名为"海雀",是以一只粗壮且长着鲜艳喙的北部海鸟命名的。2010 年,美国国家航空航天局在其位于弗吉尼亚州的兰利研究中心推出了这款单人电动飞行器的原型。就像其名字一样,"海雀"体形很小,只够一位乘客水平乘坐,而且机翼很短。其飞行速度很快,预计可达每小时 150 英里。美国国家航空航天局在 YouTube(视频网站)上发布了一个"海雀"原型机的动画,该视频迅速火了起来。[2]

美国国家航空航天局资深航空航天工程师马克·摩尔是"海雀"的设计者。和蔼可亲的摩尔戴着飞行员眼镜,一直在美国国家航空航天局研发先进航空器。这是兰利研究中心有一点闭塞的地方。从美国国家航空航天局来看,这非常反常,它全力资助面向火星的无人探险项目,然而将小型电动自动驾驶飞机作为大城市日常交通工具的愿景仍停留在概念之中。

随着电动技术和计算机在 21 世纪头 10 年的发展,以及汽车制造商特斯拉在商业上取得的巨大成功,城市电动飞行器的想法听起来变得不再那么离奇。2010 年,也就是"海雀"原型机问世的同一年,摩尔发表了一份白皮书,描绘出小型电动垂直起降飞行器的技术路径。³ 在这份白皮书中，空中飞行汽车显然是可以实现的，也许就在 10 年之内。新兴行业引起了人们的注意。《彭博商业周刊》报道，在阅读了摩尔的文章后，谷歌首席执行官拉里·佩奇创立了两家航空初创公司。⁴ 波音和空中客车也开始投资参与空中飞行汽车的研发。一场争夺空中飞行汽车市场的全球竞争正在上演。

如今，全世界许多公司正在研发大约 100 种不同的概念飞机。几乎一夜之间涌现了一批创新科技公司。弗朗索瓦·肖帕尔的法美航天孵化器"星爆加速器"（Starburst Accelerator）也投资了这一行业。他用惊叹的语气说道："2017 年夏天，仅有几家公司在研发空中飞行汽车，例如空中客车和为数不多的初创公司。一年后，我们能够数出 80 家初创公司。"他将如今研发空中飞行汽车的繁荣现象与第一个航空时代相提并论。1909 年，也就是维尔伯·莱特在法国勒芒首次公开飞行一年之后，仅在巴黎地区就出现了 15 家航空初创公司。

虽然媒体对电动飞行器的宣传天花乱坠，让人怀疑，但各公司的试飞活动和融资却在如火如荼地进行中。如果你了解电动航空的发展，那么让人们享受到飞行服务就很顺理成章了。大多数电动飞行器的前身可以追溯到 20 世纪 60 年代兴起的玩具。孩子们会在节日时收到遥控装置作为礼物，但通常玩儿不了几天就会摔坏或丢失。近年来，这项技术的无限复杂版本，加上数字智能的发展，已经演变为无人机。现在的问题是让无人机运送旅客，增加富余的旋翼和动力推进器以防万一，并在运输网络中运营航空舰队。

这些创新的电动飞行器形状和配置各异，有些仅带有螺旋桨，有些则带有固定翼。载客无人机 Volocopter 在迪拜上空成功亮相，这架无人机像马蝇一样起飞，圆冠状顶部装有的 18 个旋翼为其提供动力。谷歌首席执行官拉里·佩奇资助的公司之一小鹰公司（Kitty Hawk）一直在新西兰试飞名为"科拉"的概念飞行汽车。其外形看起来像第二次世界大战期间的老式英国喷火器，但每个机翼上都有三个电动旋翼。

产业发展前期，公司几乎所有项目都会得到资金支持，可以保证研发试飞过程顺利进行——至少在赢家出现之前是这样的。波音的极光飞行科学公司研发副总裁布赖恩·尤科说："你现在看到的是一种实时运行的遗传算法。从机翼和电池设计到动力推进，这些概念飞机已经开始形成部分主导功能。它们有了胳膊和腿，正从沼泽里爬出来。"

尤科在优步航空公司赞助的 2018 年加拿大育空圆桌会议上描述了空中飞行汽车产业的发展演变。专家小组的主持人正是优步航空公司的航空总监马克·摩尔。2017 年，摩尔在即将从美国国家航空航天局获得全部退休福利时，选择辞职并加入优步。这是将其研究从概念设计转化为现实的机会，以推动发展空中交通的全新产业。

摩尔的愿景非常宏伟。他预言了所谓"动态天际线网络"，即在 10 年内每天将有成千上万人在大城市坐"空中飞的"出行，最终"对于像洛杉矶这样的城市，每天会有数百万次航班"。他预测电动航空的运输成本将降至一次简单汽车旅行的边际成本。

鉴于电池技术和人工智能领域仍面临技术挑战，摩尔对行业前景的预测可能会过于乐观。而计划于 2023 年推出的优步航空电动飞行汽车服务无疑是一个推动目标。摩尔也承认这一点，但是他认为，优步等野心勃勃、财力雄厚的公司设定的紧迫期限，促进了整个行业的发展，为技术研发投入了数十亿美元。明智地使用这一点进行大量宣传并不总是一件坏事。

*****

在设想一种新技术时，挑战在于将我们的想象力从现状中解放出来。人们很容易将电动垂直起降飞行器看作一架更小、更便宜的直升机，它恰好是电动的，并最终是自动驾驶的。考虑到这一点，从洛马斯·德查普特佩克区附近的直升机停机坪起飞的航班将继续飞往机场，但也许会收取更低的票价。由于电动垂直起降飞行器更加安静且没那么引人注目，所以这些飞机也可以从富裕的波兰科社区，或者南部下一个山谷的库埃纳瓦卡飞往其他路线。但这是直升机思维。

大多数载客直升机都点对点飞行，但电动垂直起降飞行器将在城市布局飞行网络。正如摩尔所说的那样,一个城市将涌现出数十个小型的空中车站,其规模类似于高架地铁站。人们会从一个空中车站飞到另一个车站,也许中途会停下来接另一位乘客或让乘客下飞机。不同的电动垂直起降飞行器运营商可以在同一个网络上竞争,就像公共汽车和出租车在公路上竞争一样。但是这里有一些根本的区别:如果一个有50个站的地铁线路把站点增加到51个,那么地铁线路就会延长一些。但是,当这样的空中网络增加一个站点时,就会出现50条新航线。这是我们头顶上的大众交通愿景。

不是每个人都赞成将电动飞行器作为日常交通工具。毕竟,交通技术的变革需要有一种接管的方式。20世纪早期,当第一批汽车在城市街道上行驶时,很少有人能想到,几十年之内,这些汽车开拓了城市边界,为了满足人类工作和生活的需求开始到处铺设马路。如果大部分城市交通转移到空中,会不会污染我们的天空?

摩尔坚称不会。他说:"不要把运营电动飞行器的天空想象成《星球大战》里成千上万架飞船飞过人们的头顶。"他说,大多数人几乎看不到电动飞行器,也听不到它的声音。它的体形很小,比喷气式飞机小很多,更接近鹰的大小,电动飞行器的嗡嗡声会融入城市声景的沉闷轰鸣中。这样的回应,尤其是来自一家研制空中飞行汽车的公司的回应,实在难以令人信服。

为了解决安全问题,尤其是有关自动驾驶的安全隐患,一些公司将推出人类飞行员机队，但是该计划是要在10年后让软件接管飞行控制。实际上，自动驾驶是空中交通这种商业模式的核心，是将空中出租车打入大众市场的关键。南加州初创公司卡雷姆飞机公司（Karem Aircraft）的产品负责人瑞安·多斯在优步航空大会上说："要在城市推广空中飞行汽车，就必须将飞行员踢出去。"[5] 而且，全球主要城市中也并没有足够多的训练有素的飞行员来运营大型电动飞行汽车网络。多斯说："培训大批飞行员将是一个巨大的挑战。"

汽车采用自动驾驶技术似乎很新奇，但飞机自动驾驶早已不是什么新鲜事。甚至在第二次世界大战之前，飞机制造商就已经引入了巡航控制功能。在陆地错综复杂的道路上，这是无法想象的，但在开阔的天空中这是行得通的。从那时起，飞机就逐步增加电子自动控制功能。这些自动控制系统增强了安全性，减轻了飞行员那些烦琐操作的负担，例如保持恒定速度、高度和方向飞行。然而，自动飞行难免会发生故障。2018年末和2019年初，印度尼西亚狮子航空和埃塞俄比亚航空发生的两架波音737 MAX客机坠毁事件，似乎与该操作系统有关。尽管如此，乘坐民用客机仍然是迄今为止最安全的交通方式，而自动化在其中起着重要作用。

根据业界对汽车自动驾驶等级的定义，现代客机在汽车行业的自动驾驶等级将达到三级，与配置自动驾驶仪的特斯拉电动汽车等级相似。人在驾驶的时候仍必须主动监控，只是不必操作太多。像自动驾驶汽车一样，飞机上装有数十个传感器，用于测量风、气压、温度、湿度、湍流以及其他可量化的变量。机载计算机处理所有这些信息（大多数航班的计算机数据超过万兆字节），并自动处理绝大部分飞行数据。在大多数飞行中，飞行员起飞后，就将驾驶任务交给计算机操作，计算机可以保持稳定的航向和高度，并对不断变化的条件做出反应。在许多情况下，机载计算机甚至可以处理飞机降落，直到飞行员恢复人工控制，滑回航站楼。

城市飞行要简单得多。当喷气式飞机在 3.5 万英尺的高空飞行时，要与空中急流和风切变搏斗，而电动垂直起降飞行器在离地球表面几千英尺的范围内移动，只需要避开高耸的摩天大楼。同样是飞越海平面，大型飞机就像是在公海上航行的远洋客轮，而电动垂直起降飞行器更像是在码头上滑行的快艇。

电动垂直起降飞行器的最大挑战可能是保持与其他飞行器之间的距离。为此，两架电动垂直起降飞行器将持续保持联网以共享彼此的速度、位置和计划路线。目标是让它们像椋鸟的鸣声一样相互协调和感知，及时上升和下降。

对于网络控制和飞机自动化，电动飞行器的软件系统至关重要。飞行器的工程师必须确保飞行安全，即使飞行器出现故障，比如发动机失灵、螺旋桨断裂、风暴爆发，或者飞行器被下方发射塔的电磁电荷扰乱而强烈震动。99.9% 的成功率还远远不够。

自动飞行对于飞行安全至关重要。要想了解为什么，请想象一下在不久的将来，你坐在洛杉矶或迪拜的空中网络管制员的转椅上。这个系统类似于航空交通管制，但要复杂得多。在监控屏幕上，可能会看到不同公司的成百上千个航班在几十个航空站之间飞速穿梭，其中有优步和来福车的飞行汽车。现在想象一下，这些飞行器都是由人类驾驶的，他们会自己计算出理想的飞行速度和方向。你怎么可能管理所有这些飞行员，使其远离对方的航线以免相撞？

即使每个飞行员都密切关注来自控制中心的一连串指令，但是等指令被传递到人脑、经过处理并转化为飞行员的实际操作时，操作的最佳时间已经错过了。虽然传统的空中管制确实经常管理主要机场稳定的起飞和着陆流，但将此类系统扩展为管理数百架飞行出租车将是不切实际且危险的。

该网络管理员需要的是一台计算机，该计算机可以以秒为单位对空中出租车的飞行路线进行微观管理，并且整个机队都可以执行这台计算机精确的控制命令……没有自动化，空中飞行行业就无法繁荣，甚至无法维持。

但这并不意味着有了自动化，一切就很容易了。该网络必须反应迅速且安全。电动飞行器不仅必须与中央指挥部保持联络，还必须互通。它们必须计算出最有效的飞行路线。如果大多数高峰期航班都飞往市中心，那么空中出租车如何重新部署，只保留最少的空置航班供"免费乘客"①乘坐？空中出租车会提供大幅折扣，或者空运包裹或紧急血浆吗？空中飞行汽车的商业成功取决于其库存管理和为城市航空市场开拓新的可能性。

电动飞行器离不开高性能电池。为了使空中出租车服务能够大规模投入运营，这些电动飞行器必须每天都在空中飞好几个小时才能获取盈利。每花费一小时为电池充电就会减少其部分利润。迪拜道路和交通管理局公共交通部的首席执行官艾哈迈德·巴罗兹扬说："我相信未来我们会有足够强大的电池，但是我不知道是什么时候。"

同时，市政府会有诸多合理关切。首先，最重要的一点是，如果电动飞行器从天上坠落会发生什么？这些电动飞行器会坠毁，这很糟糕。但是它们不会像炸弹一样落在人行道、公寓大楼或游乐场上。

虽然这些飞行器声音很小，几乎听不见，但对于持怀疑态度的公众来说，很少有人相信这一点。反对者无疑会警告说，电动飞行器将横行天际、主宰天空。许多城市居民已经开始抱怨街道和人行道上泛滥的电动滑板车。对于上面的天空，他们也不可能宽容。

当然，他们会提出有关安全的合理关切，并且很可能将这些问题与激烈的阶级斗争混为一谈。毕竟，电动垂直起降飞行

---

① "免费乘客"是指那些因为工作需要而乘坐飞机到另一个地方的机组人员，他们可以免费乘坐，但是不用在此航班工作。——译者注

器最初服务的顾客是乘坐直升机的乘客,即洛马斯·德查普特佩克区的富人。从富人区到机场和商业中心的飞行服务唾手可得,但不是每个人都会为此而兴奋。

从电动滑板车到自动驾驶汽车,我们在本书中探讨的所有出行技术都给市政府和监管机构带来了棘手问题。但是,没有哪个问题能与空中飞行出租车的挑战相提并论。例如,在美国,联邦航空管理局负责监督进出机场的空中交通通道。但是,电动飞行器无论是降落在道奇体育场还是坠落在皇后区的某个后院,都是由市政府管理和监管的。"联邦航空管理局负责它们飞行,"洛杉矶市市长埃里克·加塞蒂说,"我们则负责它们落地。"

对市政府来说,制定规则来管理这个新的空中交通部门将是一项艰巨的工作。这将需要安全法规、技术认证和许可、费用结构以及网络安全保证。(黑客可能黑进空中出租车的飞行系统,甚至可以想象,将其变为武器,就像基地组织在2001年9月利用民航客机进行攻击一样,造成巨大损害。)市政府也可能敦促运营商确保公平竞争,尽量为城市提供大众负担得起的飞行服务。飞行汽车投入商业运营的过程必然会引发激烈争论,在某些地区可能还会引发民众愤怒的抗议。

然而,一个世纪前,航空时代到来之初,各国政府也面临类似问题。各国政府因为航空规则争执不休时,城市居民,尤其是住在新建机场附近的居民,担心其人身安全和飞机震耳欲聋的噪声。报纸编辑们想知道为什么人们要如此匆忙,真的有

▶ 出行革命

必要吗？

航空业的第一份工作是运送邮件。从这个意义上说，航空业是在政府的扶持下发展起来的，政府能够在私人航空公司开展客运业务之前建立安全标准。一旦公众对空中交通有了了解，很快就会上瘾。1926年，美国航空旅客不到6 000人，但3年之内，客流量就激增至17多万人。⁶到20世纪30年代末，美国已有将近100万人乘坐过飞机。

在接下来的几十年里，我们的经济地理在很大程度上将由机场决定。如果没有那些巨型航空枢纽，亚特兰大、达拉斯和迪拜等城市只会是地图上没那么重要的几个小点而已。与此同时，巨型飞机让我们重新调整了时空感。纽约飞巴黎只需6个小时，飞伦敦只需5个小时。我们选择乘坐飞机出行，是因为飞机速度更快，而且体验感也更好。

"更快且更好"这句标语具有很强的吸引力。因此，像洛杉矶和达拉斯这样的城市，以及许多其他城市是如此渴望这些小型的空中飞船，以至于它们已经随时准备好应对棘手的问题。政府官员会见技术人员和保险公司的人员，一起讨论飞机坠落的风险，然后与律师以及州政府官员和联邦政府官员一起制定法规。他们之所以这样做，在很大程度上是因为他们迫切希望摆脱交通拥堵。全球著名的交通分析和车辆服务公司INRIX发布的2017年全球城市拥堵排行榜上，洛杉矶名列榜首，达拉斯位列第十二。与墨西哥城和圣保罗一样，这些城市无疑会首先

第六章　与老鹰和夜莺为伴

在富裕的地区（如加州贝莱尔和达拉斯的特特尔克里克）运营空中飞行汽车，然后再将其航空站点扩大到其他地方。

*****

短期内，空中出租车服务的规模还不足以达到改善大城市地面交通流量的规模。世界上大城市的通勤者数以百万计，其中大多数都开汽车。空中出租车服务可能分一杯羹吗？

几十年来，数学家和工程师一直在会议和座谈会上讨论交通动态，但似乎从未达成共识。例如，是什么原因导致莫名其妙的交通堵塞？[7] 你以正常速度行驶在高速公路上，然后发现交通瘫痪了。你缓慢向前开了几分钟，然后立刻再次全速行驶。你想找出哪里发生了事故或哪条匝道出了问题，但是堵塞似乎没来由地突然发生了，然后又很快消失了。

一些研究人员认为，这种现象遵循冲击波推进的数学原理。驾驶员踩了一脚刹车，可能只是因为东张西望，然后减速以连锁反应的方式向后移动，直到所有向前的动力消失。其他人则将汽车行驶的动力与诸如蜂蜜之类的黏性液体的动力进行了比较。理论比比皆是。但是大家有一点共识，那就是交通并不遵循线性模型：如果10%的汽车驶离高速公路，交通流量不会相应增加。影响可能要大得多。

这就是马克·摩尔渴望表达的观点。他认为，如果空中出租车能减少2%或3%的高峰时段交通量，就可以使陆地交通流量增加10%或20%。

虽说交通理论家使用黏性液体或冲击波的模型能够为空中出租车提供令人信服的理由，但博弈论则可能会提出反驳的论据。毕竟，规划者不仅必须计算新要素的首日影响，无论是新的桥梁、自行车道还是航空服务，还必须预测人们将如何对此做出反应。如果新的空中出租车将交通拥堵减少10%~20%，会不会导致有车一族从搭乘公共交通工具转为开车出行？人人都会这么想。

但是，即使空中出租车没有为交通带来变革，也迎合了一个关键的群体——有权势的人。请假设你自己身处纽约市市长白思豪的职位。你会见了银行业巨头、电影制片人和技术主管，这些大人物可以带来数百万美元的投资并创造更多的就业机会。你希望他们选择纽约作为空中出租车的运营城市，而不是伦敦或洛杉矶。因为如果没有空中出租车，有钱人在纽瓦克自由国际机场、拉瓜迪亚机场或肯尼迪国际机场降落时，将不仅要忍受拥挤和落后的机场，还可能忍受痛苦的跋涉，坐出租车或豪华轿车到曼哈顿。终于到达家门口时，可以想象，他们最新的记忆就是坐了很长时间的车。

但是如果这些人去洛杉矶，那里有一个运转良好的空中飞行网络，即使该网络仍处于襁褓阶段，也可能带来完全不同的体验。他们乘坐价格适中、噪声小的飞行汽车从机场赶往市政厅。路上，他们听说这一服务将扩展到圣莫尼卡、帕萨迪纳和好莱坞。这表明这座城市的空中出租车运营体系正在搭建，哪怕现在出行仍非易事，但很快就会不断完善了。这种出行前景甚至可以促进经济增长。

看来，解决交通拥堵的方案是，让我们自己摆脱拥挤的地球表面。但是，并非所有行动都是瞄准空中的。

*****

埃隆·马斯克当然不会反对通用航空。他是SpaceX（太空探索技术公司）的创始人，他希望有一天能将宇宙飞船送至火星。尽管如此，他还是嘲笑了洛杉矶天空布满飞行汽车的景象。他其中一个槽点就是，空中飞行汽车需要维修。他说："如果飞行汽车在天上飞时掉了一个轮毂盖下来，那可能会砸死人。"

马斯克来到了贝莱尔的一个交通拥挤的地方，在那儿对犹太教堂的会众讲话。[8] 他说，解决大城市交通拥堵的方案不只有发展空中通用交通，还可着眼于地下的交通系统。

这一愿景将马斯克引向了出行革命的又一个前沿领域，即火箭技术和电动汽车以外的领域——地下道路挖掘技术。他的隧道交通初创公司——无聊公司正在长期被虫子、鼹鼠和污水管道所主宰的领域中挖掘财富。该公司的目标是，让乘客体验以每小时150英里的速度快速通过"地下迷宫"。如果这一设想得以实现,那么从洛杉矶机国际场到道奇体育场20英里的距离可能只需要10分钟就能到达(汽车通常要行驶1小时左右)。

马斯克2016年成立无聊公司时,掘进机钻探地下隧道的效率极其低下。无聊公司的首席运营官史蒂夫·戴维斯将这个逐寸掘进的斗争进行了类比。人的步行速度约为每小时3英里,蜗牛以大约这个数字的1/100的速度在其黏液上滑动,然而先进的隧道掘进机的移动速度比蜗牛慢10倍。马斯克认为掘进速度不如预期,对其团队的最初要求是将这个笨重的掘进机的速度提高10倍——以跟上蜗牛的速度。

这一目标已经实现。下一步是将其提高50倍,以达到一个蹒跚学步的孩子的行走速度。以这种速度,无聊公司仅用两个星期就可以挖掘完成洛杉矶和旧金山之间415英里的地下通道。这也将实现马斯克的另一个梦想——城市"超级高铁"(hyperloops)。其特点是将胶囊状客舱置于真空钢铁管道内,然后像发射炮弹一样将它发射至目的地。(根据戴维斯的说法,无空气的隧道不受声波产生的声爆的影响。)

对于当前的项目——洛杉矶的地下列车(一种称为"环路"的电动但无真空的交通网络),马斯克设想了一个纵横交错的装有电动平台或"滑板"的硬化庞大通道,以每小时150英里的速度运送乘客。他希望建立的第一条路线,是从机场到体育馆、市中心,再到道奇体育场,其中大部分沿110号州际公路行驶。他还设想了第二条路线,就在地狱般的405号公路下,从北部的谢尔曼奥克斯到长滩国际机场，全长 40 英里。但是，线路附近的社区提起诉讼，导致无聊公司搁置了该计划。

如果第一条路线一切顺利——环路按设计运行——那么马斯克不会满足于洛杉矶地下一层的隧道。没错，否则将把增长限制在二维空间，就像地面拥挤的高速公路一样。马斯克的目标是打造多达 100 层的地下隧道交通网。

他还计划设计一种在很多方面都与汽车更接近的交通体验。马斯克希望，超级高铁倾向于私人使用，而非群体。超级高铁的客户不会聚集在车站，因为这会造成拥堵。在马斯克看来，车站并非人们想要去的地方，他们只是去车站乘车到别的地方，这样效率极低。

因此，与拥有车站和枢纽的公共交通网络不同，马斯克正在制定一个类似于马克·摩尔航空愿景的方案。其交通网络将是一个分布式网络，其中软件可以管控交通流量，也许可以像信息网络中的数据压缩包一样，该分布式交通网络可以调度数以万计的此类电子运输舱。戴维斯说，最终，人们可以从自己的家中进入这些隧道（运输舱端口），甚至可以从无车的车库下来。

未来的技术挑战可能不如研发前往火星的宇宙飞船那么艰巨。但是要在地球上建立这样的企业却很难，仅要将隧道掘进速度提高 50 倍就是一个漫长的任务，建立和部署全新的运输方式也是如此。但也许最大的挑战是，处理公共关系。要在洛杉矶建立起自己的地下梦想，并让其他城市仿效，马斯克必须建立信任、释放善意，这就是马斯克和其业务负责人来到贝莱尔犹太教堂的原因。

开发地下交通最忧心的是发生地震。马斯克坚信，实际上，地震时隧道是最安全的地方，地震时，地球表面震动的程度远大于地下。戴维斯将地震比作海啸，海啸可以击沉一艘重型战舰，而在附近海底作业的潜艇却不受影响。

另一个常见的担忧是噪声，但马斯克表示不用担心噪声问题。他说，由特斯拉电池驱动的电动隧道发动机产生的噪声远低于标准柴油发动机。因此，地面上的人是听不到地下30英尺发生的一切的。此外，挖掘的隧道在电线、自来水管和污水管道的下方。隧道掘进机也不会危及地下的野生动植物。马斯克说，即使是最顽强的虫子，也生活在更靠近地表的地方。

马斯克的每一台隧道掘进机都以一首诗命名，而掘进的步伐仍然更像蜗牛，而非蹒跚学步的孩童。挖掘地下隧道最大的问题是如何处理泥土。在地下30英尺的地方，挖出来的泥土可以放在哪里呢？对于这一点，马斯克说，隧道成本的15%是"清除淤泥"。无聊公司的一个解决办法是将泥土压缩到数千磅，制成硬化砖，然后用这些砖加固隧道。"这样的砖块非常漂亮。"他用平静、虔诚的语气告诉观众。观众认为他在开玩笑，笑了起来，但是马斯克是非常认真的。这些砖块代表着马斯克雄心勃勃的地下梦想的一项早期突破，他需要更多的砖块。

第七章
迪拜：掌握最前沿

11月一个阳光明媚的下午，首次全球未来出行峰会（CoMotion LA）在洛杉矶市中心的艺术区举行。这是全球出行革命推动者和颠覆者的年度会议。橙色交通路障封锁了小巷，巷子里排列着许多交通初创公司，出席者骑着最新款的电动自行车、电动滑板车以及其他异想天开的出行工具在道路上来回穿梭。一个有着隐藏轮子的圆滚滚的机器人正在跟随人们四处走动，仿佛被这些人吸引住了。场面轻松愉悦。

但在这天的会议即将结束时，场面就变得正式了。一位身着深色西装的秃顶中年男士走进礼堂，不慌不忙地走到讲台上，开始用缓慢造作的英语发表演讲。这位演讲者不会讲什么平常的趣闻逸事，更不用说笑话了，而是一直在点击鼠标播放幻灯片。毫无疑问，人群中的一些人怀疑其中一个赞助商公司争得了一个下午的黄金演讲时段。这是常有的事。

演讲者是马塔尔·塔耶尔。他代表迪拜酋长国，领导着迪拜强大的道路和交通管理局——政府的交通部门。虽然塔耶尔讲话枯燥无味，但其内容绝非如此。CoMotion LA 上的大多数演讲者描述的是即将到来的出行革命，或详细说明他们正在制造的组件。与此不同，塔耶尔及其迪拜的团队却正在将这场革命迅速结合在一起——创造未来交通。他说的是具体的产品和服务，甚至谈到了具体日期。

塔耶尔不仅设想了一个未来，在这种未来中，机器人空中出租车能将人们带到迪拜日益壮大的摩天大楼群和错综复杂的高速公路网之上。他说，这些空中出租车将在2020年投入运营。德国 Volocopter 公司研发的载客无人机已在迪拜成功试飞。超级高铁将把迪拜和与其相邻的阿布扎比连接起来，两地本来需要两小时的车程将缩短到14分钟。塔耶尔还承诺，在10年之内，迪拜这个拥有300万人口、飞速发展的城市，1/4 的交通出行方式将采用自动驾驶飞机。

在波斯湾的一片沙漠上，迪拜似乎在忙于建造飞行汽车的未来。

我们构想本书思路的第一天就清楚，迪拜会成为其中一章的主角。在待选名单上，有的城市时而入选、时而剔除，但迪拜一直位列其中。这个快速发展的城市代表了与洛杉矶或赫尔辛基截然不同的模式。洛杉矶和赫尔辛基这两个城市都通过打开大门吸引投资和调整法规来鼓励出行革命。它们要求变革，但没有资源，更不用说由政府来建立或授权其中的大部分了。

第七章 迪拜：掌握最前沿

迪拜的情况截然不同。它与中国有更多共同点，这一点我们将会看到。迪拜和中国都不存在令人忍无可忍的拖延。例如，纽约犹豫了半个世纪才将曼哈顿东区地铁延长了仅 3 站的路程。

想想迪拜在短短 20 年间取得的成就：构思并建造了标志性的世界第一高楼哈利法塔，还有地铁。迪拜铺设了无数道路，矗立起大片高楼。就建筑规模而言，只有中国的特大城市能与之相提并论。迪拜的项目不会因为请愿活动或市议会的激烈争斗而放缓。这一切都由酋长发号施令。如其捍卫者所认为的那样，至少在运作时，这样的政府效率要高得多。迪拜政府无疑是成功的。

迪拜政府想要花费数十亿美元来实现交通革命的愿景——在迪拜举办 2020 年世博会[①]之前，尽可能多地展现一些技术和成果。这次世博会将是人类技术和可能性的一次盛大展览。然而，迪拜与中国也有很大的不同。中国在大力推进技术创新，而迪拜在很大程度上只是热衷于引入尖端技术，算是一个极为热情的消费者。迪拜希望借助技术来推动其经济朝着未来发展，支撑打造迪拜的闪亮名片。

你可能会认为，迪拜作为阿联酋其中的一个酋长国，会利用其丰富的石油储备来支持新的空中交通。然而，情况并非如此。与南部 80 英里远的富裕的阿布扎比酋长国不同，迪拜在能

[①] 原定于 2020 年 10 月 20 日至 2021 年 4 月 10 日在迪拜举行的阿联酋 2020 年迪拜世界博览会，推迟到 2021 年 10 月 1 日至 2022 年 3 月 31 日举行。——编者注

源方面相对匮乏，其规模不大的油田已经被大量消耗。相反，迪拜因其航运、贸易、银行和旅游业而非常富有。最接近迪拜发展模式的国家是新加坡，当然迪拜与拉斯维加斯也有相似之处。

迪拜最主要的收入来源是吸引人和金钱到它这儿来。其增长有赖于源源不断的投资者将数百万美元投资于酋长国，让他们自己可以继续在迪拜建造摩天大楼和酒店，甚至像是棕榈群岛一样的人工岛屿。房地产一直是迪拜的支柱产业，因此这需要无休止的宣传。

这就是迪拜想投资新出行方式的来龙去脉。迪拜的这些项目，从不断扩建的地铁到自动驾驶车队，无疑将改善城市交通。这很重要。但是它们对于金光闪闪的"迪拜"品牌也至关重要。为了继续聚人聚财、建造高楼大厦，迪拜不仅需要引进最热门的技术，它还必须引领世界。迪拜统治者谢赫·穆罕默德·本·拉希德·阿勒马克图姆在他2012年的著作《我的愿景》（*My Vision*）中写道："我们必须带头塑造自己的命运。"[1] 他认为，技术已经引发了"有史以来最重要的经济竞赛"。

对于在30年前访问过迪拜的人来说，迪拜这座沙漠城市想要实现如此伟大的想法近乎荒唐。但像深圳和奥兰多一样，迪拜在几十年内从荒漠一跃成为世界"土豪"城市，惊艳了世人。20世纪30年代和40年代，迪拜是一个名不见经传的小贸易基地，当地居民以采集深海珍珠为生。当时迪拜唯一的资产是一个深水港湾。这个海边的小酋长国提供了自由贸易和低税率，于是许多伊朗商人穿过海湾在那里经商。在 20 世纪初期，随着世界珍珠市场的繁荣，迪拜迅速发展起来。但是，奢侈品行业在全球经济低迷时期遭遇重创，迪拜珍珠商业在 20 世纪 30 年代萎缩了。仅存的一点珍珠市场被日本新兴的养殖珍珠产业抢夺了。迪拜靠着重要的通商港口的地位，勉强为生。直到 20 世纪 60 年代（也就是迪拜终于废除了奴隶制的 10 年间），迪拜人还没用上电，更别提用空调了。

迪拜当时处于阿联酋一个被忽视的角落。英国舰队为迪拜人提供了一定程度的保护。但是随着第二次世界大战后大英帝国元气大伤，英国减少了对迪拜的义务，并于 1971 年对这个海湾小国放任自流。一些人担心沙阿领导的伊朗会越过波斯湾吞并迪拜，或权力斗争会破坏其联盟。但是，这些酋长国在谢赫·扎耶德·本·苏丹·阿勒纳哈扬的领导下，联合组成了一个单一国家——阿拉伯联合酋长国。迪拜的发展模式与新加坡类似，两者的发展模式都是一方面容忍西方自由，另一方面坚定奉行专制主义。在阿布扎比的石油以及迪拜的商业和建筑的推动下，阿联酋在阿拉伯世界取得了罕见的经济成功。

*****

如果你穿越迪拜庞大的机场——其高耸入云的白色圆柱让

▶ 出行革命

人想起古老的主题公园——走进一尘不染的地铁，未来的景象映入眼帘。火车驶进黑暗的隧道，但几分钟后又出现在沙漠中，飞速穿过一座座熠熠生辉的高楼大厦，其中大多数是近年来兴建的。在左边，世界上最高的哈利法塔高耸入云。哈利法塔随着高度增加而逐渐变窄，太阳落山时，它从银色变成金色，就像扭曲的小麦叶片。

这座塔楼背后的故事讲述的是爱好冒险、自由消费的迪拜与其更富有、更稳重的阿布扎比兄弟之间的关系。正是在2002年，迪拜的统治者谢赫·穆罕默德打开了迪拜房地产蓬勃发展的合法大门。他允许外国人在迪拜购买土地。数十亿人从世界饱受折磨的动荡地区涌入，包括巴基斯坦、叙利亚、伊朗和伊拉克，以及欧洲和美洲。

"这样说吧，"一家驻迪拜的美国科技公司的一位欧洲高管说，"假设你有很多钱，而你身处巴基斯坦、伊朗或埃及这些地方，你会把钱放在哪里呢？"无论你是把钱放在迪拜的公寓楼还是兰博基尼经销店，甚至放在阿联酋购物中心的室内滑雪场，它都更加安全。

迪拜对商务极其友好。这里的工作语言是英语，这是其亚洲工人阶级的通用语言，他们约占总人口的80%。根据迪拜商业法规中的一项特殊条款，许多外国人可以在迪拜经商。此外，迪拜基本上是免税的（尽管政府从大量收费和其他服务中获得了收入）。

迪拜的成功及其雄心壮志的巅峰之作就是迪拜塔。迪拜塔是迪拜的标志，一个时尚的惊叹号，高耸城市天际。这个塔由美国建筑师阿德里安·史密斯设计，为当前世界第一高楼。（同样，对于迪拜品牌来说，"第一"和"最大"一直是必不可少的元素。）21世纪初期，迪拜塔越建越高，迪拜其他地方的建设步伐也都非常快。不计其数的工人涌入建筑行业，其中大部分工人来自印度、巴基斯坦、孟加拉国等。他们惨遭家乡的中介机构和迪拜雇主的双重剥削，这损害了迪拜的形象，但并没有减缓迪拜大兴土木的速度。赚钱很容易，如同其他经济泡沫市场一样，从拉斯维加斯到西班牙南部，地产开发商疯狂地借债，政府也是如此。就在全球市场崩溃之际，迪拜塔于2008年顺利落成。全球信贷市场收紧，贷方要求收回贷款，迪拜企业濒临破产边缘。

谢赫·穆罕默德亲自前往阿布扎比——这无疑是一次耻辱的访问，他请求阿布扎比提供金融援助。他带着阿布扎比统治者、阿联酋总统哈利法·本·扎耶德·阿勒纳哈扬提供的200亿美元回到了迪拜，但这是有代价的。这座打破纪录的通天巨塔，这座彰显迪拜创造顶级和未来可能性的野心之塔，将不再被称为迪拜塔。这座塔将以拯救了这个债台高筑的酋长国的人的名字命名。迪拜这座熠熠生辉的通天高塔将改名为"哈利法塔"。[2]

迪拜迅速复苏，建筑热潮卷土重来，仿佛泡沫破裂只是一场噩梦。展望未来，迪拜认为2020年世博会将是其作为全球领先城市的亮相盛会。迪拜地位上升的核心是其作为出行趋势引领者的地位。

在任何事情上勇立潮头都是一场赌博，但迪拜就是建立在此之上的，多数时候都有回报。20世纪70年代，迪拜还很荒凉，谢赫·穆罕默德的父亲拉希德不仅将酋长国的港口吞吐量提高了一倍，还将其翻了两番，然后开通了一个全新港口，哪怕当时还没有货物要运输。交通开放后，迪拜成为亚洲与西方之间的重要枢纽，也是通往阿拉伯财富的门户。

在一场类似的赌博中，谢赫·穆罕默德在20世纪90年代末大举投资了一家新兴航空公司。他知道，大多数航空公司都处于亏损状态。像意大利航空和荷兰皇家航空这样的国有航空公司在结构上似乎没有能力赚钱。然而，阿联酋航空已成长为全球巨头。今天，它像一条巨大的输送带，将大量旅客运送到迪拜，有些再运送到非洲或亚洲。然而，他们其中许多人都留了下来。旅游业本不应该是迪拜的支柱型产业，然而，这片几乎没有历史的荒芜沙漠，已经发展成一个旅游中心。迪拜贩卖着阳光和海滩，城市中有空调开得极低的商场。迪拜提供了在沙特阿拉伯等邻国难以享受的谨慎饮酒等其他乐趣。即使夏天的室外温度攀升到120华氏度，当地的空调也是如此强大，以至于商场和酒店不仅凉爽，而且凉风习习。

谢赫·穆罕默德坚信，如果游客开始在脸书和Instagram

（照片墙）上发布自己的照片，说配备了咖啡厅或美甲沙龙的自动驾驶舱载着他们四处转悠，或者乘坐空中出租车飞过哈利法塔前往海滩，那么会有越来越多的游客涌向迪拜。未来是一个成功的品牌。加利福尼亚已经火了大半个世纪，为什么不去迪拜呢？

*****

如果你对迪拜交通出行的承诺有疑问，去一趟迪拜道路和交通管理局就能释疑。迪拜道路和交通管理局的建筑由弯曲的玻璃板制成，比华盛顿的大多数政府建筑都宏伟。管理局的圆顶形外观就像《星球大战》中汉·索罗前往绝地总部的途中会经过的地方。

奇怪的是，在楼上行政办公室的外面，道路和交通管理局感觉就像是普通的官僚机构。大厅里有一台用了很久的咖啡机，旁边是一台碎纸机和一个满溢的回收箱，地毯是工业灰色的。这一切都显示，迪拜道路和交通管理局不仅着重于前沿交通技术，也处理着车辆登记和驾驶证的日常事务。毕竟，大多数迪拜人仍然会自己驾驶汽车。像大多数现代城市一样，迪拜的城市配乐也是汽车引擎的轰鸣声。

这是迪拜道路和交通管理局公共交通部的首席执行官艾哈迈德·巴罗兹扬提出的第一点。他身材高挑，穿着长至脚踝的传统白色长袍，头戴白色头巾，由一个用绳子系着的黑色王冠固定着。他说一口美式英语，是他20世纪90年代初在美国丹佛大学进修时练就的。

他一边坐在自己宽敞的办公室里喝着茶，一边说着迪拜与伦敦、纽约或洛杉矶的不同，迪拜不会想阻止人们开车。"我们不想让人们感到痛苦，也不想惩罚他们。"

这有一定的道理。毕竟，世界上大城市的高速公路和立交桥都很拥堵，其中许多都是20世纪60年代甚至更早建造的，它们已是遗产，不可持续。相比之下，迪拜的高速公路是新建的，是人们的新宠。这些高速公路像黑丝带一样穿过沙漠，是世界上最好的高速公路，不会像其他地方的公路那样不久将被回收用于绿地或人行道。

在迪拜，人们对非铺装路面仍记忆犹新。[3] 在巴罗兹扬还是个孩子时，迪拜这座城市并没有延伸到历史悠久的迪拜湾岸边，那时迪拜的主要交通工具是木船，这些木船川流不息地运送乘客和货物。当时越来越多的迪拜人购买汽车，但汽车经常陷进沙地里。他回忆说："我们必须下车把车推出来。"直到20世纪70年代，驾驶员还是冒险驾车沿着海边非铺装小道往返于迪拜和阿布扎比之间，时不时还要避开沿途的骆驼。雨季时，车辆陷进沙地，沙子会没过轮轴。

因此，迪拜仍然需要这条漂亮的新道路，只是不要那么拥堵而已。实际上，迪拜想要实现自动驾驶，并不是要哄骗富有的迪拜人民放弃其保时捷和法拉利,而是要使其出行更加愉悦和高效,以确保"幸福",正如巴罗兹扬所说。至少在实现空中出租车运营的早期,迪拜主要是想为泰米尔人、普什图人、孟加拉人和菲律宾人这些外籍工人寻找替代的交通工具。简言之,就是让大批外籍工人不再开车上路。

第一步是兴建地铁。迪拜地铁于2009年建成运营,该地铁属于快速轨道交通系统。当时,许多人将迪拜的新交通系统视为迪拜的品牌建设活动,挥霍了数十亿美元。"民众认为不会有太多人乘坐地铁。"巴罗兹扬说。但是一尘不染的地铁,每隔两三分钟就准时到达,上面满载乘客,这样有助于缓解迪拜主干道谢赫·扎耶德路上14条车道的交通压力。

首次乘坐地铁时,你可能会错过的一个细节是,迪拜的地铁上没有司机。实际上,地铁是迪拜自动驾驶战略的重要组成部分。这似乎有点像作弊。当塔耶尔对洛杉矶的人群说,到2030年,迪拜25%的交通将实现自动驾驶时,我们许多人想象的是成千上万辆自动驾驶汽车驶过沙漠公路,而非地铁。我们将看到,自动驾驶汽车是该计划的一个重要组成部分。但是,迪拜自动驾驶交通的未来首先以大多数人认为无害甚至平庸的方式发展。

几十年来,世界各地数万名旅行者一直乘坐自动驾驶列车从一个航站楼到另一个航站楼,很少有人多想什么。它就像电梯,是另一种自动技术,不过是水平而非垂直罢了。迪拜地铁只不过是同一技术的延伸，但有一个显著的区别：2011年，迪拜地铁被吉尼斯世界纪录认证为全世界最长的自动驾驶轨道交通。[4]（迪拜别无选择。）

不过，自动驾驶地铁没什么刺激的，更没什么可怕的。这是未来交通的模式。大多数情况下，这种自动驾驶交通时代的兴起很可能会通过一系列步骤实现，每一步都不具威胁性，通常有些乏味。巴罗兹扬说，迪拜的下一步可能是自动驾驶汽车共享服务。第一批自动驾驶共享汽车可能会沿着预定路线（基本上是虚拟轨道）行驶。因此，它们有点像有轨电车，很无聊，但不可怕。

这是采用新技术的主要挑战。人们喜欢智能机器，但当机器变得太聪明时，许多人就会变得紧张起来。我们不希望它们轻率地窥探我们的生活、泄露我们的秘密，更不希望它们对我们指手画脚（或就此而言，接管世界）。因此，至少对某些人而言，"机器人"一词带有存在性焦虑。从机器人专家的角度来看，这种恐惧其实是对市场不友好的。

这是矛盾的地方。为了使机器人能够执行无比复杂的驾驶任务，支撑的软件必须功能强大且细致入微。但是，在向充满怀疑的公众介绍该技术时，最好隐藏人工智能。如果机器人表现得像愚笨的机器，那么它们对人类的威胁似乎就变小了。

巴罗兹扬预测，这些公共关系忧虑将逐渐消失，机器人将很快投入运营。他说："有太多的技术和投资，妨碍（自动驾驶）取得成功。"他已经与世界各地的汽车制造商合作，从特斯拉、丰田到通用汽车旗下的克鲁斯，在迪拜启动试点计划。他期望其中大多数公司最终能运营自主出租车队。它们将逐步探索人类活动的随机性，将自动驾驶汽车与人类驾驶员在街上混在一起，应对复杂交通，避开奇怪的行人，掌握至少足够的地理信息，以便安全导航，穿越迪拜。

那么自动驾驶汽车的早期客户是哪些人呢？地铁一族，主要是来自亚洲不同地区的工人阶级移民。巴罗兹扬说，乘坐自动驾驶汽车出行比开车出行更经济。

而说到时间表时，巴罗兹扬耸了耸肩。尽管政府领导人，尤其是酋长和塔耶尔给出了目标日期，但这些日期都是基于从电池到人工智能等自动化技术发展速度的（乐观）猜测。任何国家在将自动驾驶汽车投入商业运营前，确保其安全性是无可厚非的。如果这些汽车在一两年后才能面世，迪拜仍然会率先采用。迪拜的目标是，至少在2020年世博会之前实施试点项目。届时，迪拜超级高铁会运行一条10公里长的测试跑道，线路会在世博会举办场所和城市以南一个更新、更大的机场之间。而完善的超级高铁服务大概会在几年后推出。

如果自动驾驶汽车的车队不能及时为世博会做好准备，那么迪拜无疑将在世博会上安排许多华丽的表演，以凸显这些即将到来的空中交通。不管如何，迪拜都将勇争第一。这是迪拜统治者的命令，这对于迪拜品牌的塑造至关重要。

除了步行和骑车的人力出行外，迪拜的一切交通都将依靠电力来实现，这就是其计划。因此，如你所料，迪拜正在建造世界上最大的聚光太阳能项目，它将成为世界上最高的太阳能塔。谢赫·穆罕默德称，这是迪拜战略的重要一步，到21世纪中期实现无碳排放，并成为全球绿色出行技术的枢纽。（必须说，迪拜的统治者并不缺乏雄心壮志，或"胆大妄为"。）

巴罗兹扬说，最大的挑战不是电力或充电站，而是电池本身。一辆有效且有利可图的空中飞行出租车每天可能在迪拜运送人员和物品长达12~16个小时，这将需要大量的电力消耗，行驶里程必须在500英里以上，而且全都要配备空调。

对于迪拜最大胆的新型交通方式，或者说至少是最华丽的新型交通方式——空中飞行出租车来说，在沙漠上空翱翔，电池是一个更大的问题。近年来，迪拜举办了多次鼓吹这项技术的展览。德国制造的Volocopter载客无人机的飞行测试很成功，而且在YouTube上获得了许多媒体曝光和点击率。

Volocopter的载客无人机尽管已试飞成功，但仍必须与包括空中客车在内的其他业内对手竞争，才能赢得与迪拜的首份合同。迪拜在这方面具有重要的影响力。所有电动飞行器的制造商都渴望引领行业，进入迪拜这个最早的市场，迪拜的合同意味着一次飞跃。这可能意味着占据空中飞行出租车行业的早期领导地位，这至关重要。这些公司开展了激烈的竞争，巴罗兹扬希望最终它们能够在迪拜提供竞争性服务。

早期的无人机主要作为前沿出行科技的点缀，还无法解决地面交通拥堵问题。它们可能会从豪华的阿拉伯塔酒店的花园接送客人，这座酒店像一条蓝色曲线，如同波斯湾上的一个巨浪。从那里到迪拜两个机场中的任何一个可能只需要 5 分钟，到阿联酋高尔夫俱乐部则可能需要六七分钟。在一个凉爽的沙漠之夜，客人们可以先去泛光灯照亮的法尔多高尔夫球场打场球，然后搭乘空中飞行出租车去海滩。

迪拜的巴罗兹扬遗憾地说，空中无人机技术不太可能赶上 2020 年世博会，但这并不是说作为东道主的迪拜不会举行大量的演示。毕竟，这只是时间问题。

*****

虽然作为消费者赢得出行竞赛是首要目标，但迪拜还有更大的野心。谢赫·穆罕默德说过，并在书中写道，他希望迪拜成为人工智能和自动驾驶的区域领导者，成为波斯湾的硅谷。

这早已是迪拜的计划。迪拜商业友好、税率低，因此吸引了大量科技公司，其清晰的商业法规减少了公司落地的恐惧和摩擦。谢赫·穆罕默德建立了枢纽，以各种方式激励信息经济的居民。迪拜的互联网城位于阿联酋购物中心的滑雪坡以南约一英里处，并且有自己的地铁站。IBM、谷歌和微软等企业都已入驻。

迪拜拥有大量令人艳羡的直飞航班，这些科技巨头都非常乐意将其作为区域销售中心。但是令迪拜感到沮丧的是，这些科技巨头并不指望迪拜能开发软件或技术。这类开发更可能在其邻国以色列进行。以色列是出行技术以及相关组件技术的全球领导者。以色列得益于其活跃的创业文化以及与强大的以色列军工联合体的紧密联系。在研发方面，以色列是中东地区的不二之选。

相比于建造摩天大楼和铺筑高速公路，建设信息经济对于迪拜来说要艰巨和缓慢得多。阿联酋政府向教育投入大量资金，并吸引包括纽约大学和索邦大学在内的外国大学在当地建立分校。（对这些大学而言，分校是它们的"取款机"。大学可以向富有的阿联酋人、沙特阿拉伯人和埃及人收取高额学费。）中国的阿里巴巴将在迪拜互联网城投资6亿美元，希望这个新的科技城能成长起数十家人工智能、机器人技术和新出行技术的公司。但是哪怕在最好的情况下，在迪拜建立一支高科技队伍也需要10~20年的时间。

目前，迪拜通过将自身打造成一个开放且求贤若渴的尖端技术实验室参与研究。这是有风险的。但是风险是迪拜的竞争优势，而且一直如此。令这个酋长国大为沮丧的是，阿布扎比数十亿美元的石油储备成了抵押品。

第七章　迪拜：掌握最前沿

*****

在某种程度上，对于着手打造未来城市的迪拜来说，摩天大楼已然过时。迪拜的统治者为其新未来建筑选择了截然不同的形式。迪拜未来博物馆赫然耸立在扎耶德酋长大道的南侧——该博物馆有 11 层，整座建筑呈银色椭圆形，中间有一个大洞，像一只巨大的眼睛。墙壁上刻着黑色的阿拉伯书法，其中包括谢赫·穆罕默德关于未来宣言的片段。弯曲的阿拉伯字母兼作窗口。

该设计来自迪拜一家拥有 10 年历史的建筑公司——基拉建筑设计公司（Killa Design）。该公司由南非的肖恩·基拉领导，合伙人来自世界各国。迪拜能吸引来自各地的设计师是有道理的。这里的建筑师可以从事一些世界上最酷的项目，他们很快就能完工一个项目，无须文山会海。还有什么比这更好的呢？

这就是迪拜吸引人才的方式。基拉建筑设计公司的建筑师与麻省理工学院的博士、迪拜未来基金会的首席未来学家诺亚·拉福德紧密合作。在基金会网站的一段视频中，拉福德为全球人才提供了一个机会。他说："如果你拥有尖端的人工智能或虚拟现实应用，并且希望它们在博物馆里展出，请来找我们吧。"这就是其管用的方案：人才，无论是建筑师还是科学家，都聚集在迪拜，以获得充足的资金建设未来。

这个方案同样适用于出行行业。从博物馆往上走，就进入了华丽的阿联酋大厦的一层。大厦大厅里的星巴克的正下方就是"迪拜未来加速器计划"的总部，一个包含科技展览、工作室和小礼堂的大型开放空间。该科技孵化器总部为科技初创企业提供为期6个月的资金和场所。比这更有价值的是，这个计划给了这些企业一个机会，让它们在真实的城市中实践自己关于出行革命的想法。

在未来加速器计划总部一侧的一个工作室里，坐着一个叫布拉德·约翰逊的美国人。他是Swim.AI（边缘智能平台）一名和蔼可亲的软件开发人员。这是一家为汽车数字世界建模的硅谷初创公司。约翰逊说："我们的目标是让人员和物品以最优流程移动，就像通过互联网发送数据包一样。"

建立预测移动性模型的第一步是，将城市的移动分子转化为数学运算，这一过程是出行革命的核心。技术人员将越来越多地获得对出行的控制和管理。然而，将分子表达为数学的人需要在现实世界的实验室中部署其算法，迪拜提供了一个自愿的现成测试平台。

网络化交通的标准模型有一个指挥中心，一个数据科学家团队在其中处理城市中的所有交通工具，并尝试对其进行优化。这种从洛杉矶到迪拜的集中指挥从交通管制和公共交通开始，最终将迁移到联网的汽车、电动滑板车和行人。

然而，约翰逊说，涉及管理一个城市的自动驾驶汽车时，集中管控会很困难,时间是一个大问题。一辆自动驾驶汽车不能等在那里几秒钟,让远程控制计算机处理数十亿个数据点,然后再为其提供最佳路径,它需要立即知道如何行驶。

面对这一挑战,Swim.AI 的目标是将更多的情报分发给"交通剧目"中的数百万名"演员"——汽车、地铁、交通信号灯。在其计划中,每位"演员"都从自己的角度出发,拥有自己的一套统计模型。这不仅包括有关其自身模式的数据,还包括与之接触的所有"演员"的数据。例如,一辆自动驾驶汽车应该在午餐时间"知道"迪拜的行人经常乱穿阿勒法迪区的马路。每辆车都应该能够当场计算出可能发生的情况并采取应对措施。此外,全市的自动驾驶汽车和所有其他智能交通工具将与其"弟兄"——智能人行道、其他汽车、滑板车以及每个人的手机——共享从传感器收集到的相关信息。

这种智能分发情报的模式称为"边缘计算",是人工智能一个不断发展的领域,也是谷歌和百度等大型科技公司的重要研究领域。目的是为"交通剧目"中的"演员"提供足够的算力、数据和认知智慧,以让这些"演员"自行做出尽可能多的决定。

毫无疑问,边缘计算需要大量的实时数据。这就是布拉德·约翰逊坐在这个工作室里的原因之一。迪拜正在数据海洋中遨游。这些数据不仅对政治控制至关重要,对整个经济也至关重要。

将迪拜想象成房地产开发商和房东,这些都是迪拜的主要职业。相比邻国的动荡局势，迪拜自诩为物质上和经济上的避难所，这也是其卖点。迪拜的商业模式就决定了安全的环境是重中之重，这是有道理的。如果人们在迪拜感到不安全，那么迪拜这个品牌就不再有影响力了。很久以前，人们喜欢在美丽的黎巴嫩度假和居住，然而，黎巴嫩的安全声誉早已荡然无存，如今谁还会去贝鲁特度假呢？

因此，迪拜政府对整个国家保持着高度监控。无所不在的闭路电视摄像机捕获了境内的大部分行动，上至城市，下至个人。在未来博物馆附近的技术贸易展览上，迪拜警方展示了其监控摄像头，这些摄像头可以读取购物中心或地铁中的人脸，并将其与数据库进行匹配。

这是一个网络化管理的实验室：迪拜受到严格控制的人群被接入数字网络。迪拜统治者及其团队在没有任何延迟或公众干预的情况下制定了法规，没有举行听证会，没有人递交请愿书，没有人示威抗议。在迪拜采用新技术要容易得多，因为迪拜的运作方式更像是公司而不是国家。迪拜这家"公司"的策略是，尽一切努力向世界展示人类如何以新的方式出行。在迪拜，新的出行方式是一项战略要务。

第八章

傻瓜式驾驶

"嘿！这里有你想看的东西哦！"这封语音邮件邀请函来自匹兹堡的卡内基·梅隆大学机器人实验室。

让我们回到1997年，当时许多美国人还是第一次用美国在线的账户发送电子邮件，手机还是一种奢侈品。与今天相比，那时的计算机技术不过是个笑话。可在当时，这种科技水平已经相当惊人了，卡内基·梅隆大学机器人实验室由一位名叫雷德·惠特克的计算机科学家负责，他总是有着天马行空的想法，可以让实验室进行的项目变得相当有趣。

几年前，机器人实验室团队将一个名为"但丁"的八脚机器人运送到南极洲的一座火山上。这个机器人的任务是，到达埃里伯斯火山山顶，然后爬下去，到中央的熔岩湖，收集从火山口喷出的气体样本。不久后，与惠特克的实验室关联的一家公司制造出另外一个机器人，该机器人可以独立穿过切尔诺贝利核事故现场的有毒残骸，读取辐射数据，并发回现场视频。

惠特克的实验室与美国大多数顶尖计算机实验室一样，从五角大楼的研究机构——美国国防部高级研究计划局获得了一笔可观的研究资金。人们很容易就能想到自动驾驶在战时是如何发挥作用的，比如移动扫雷机器人可以清除地雷，装备自动驾驶技术的军用卡车可以将军械物资运送到偏远的哨所。如果运输途中卡车被炸毁，至少可以保证无人受伤。

在世纪之交，自动机器人主要用于危险领域的作业。例如，可以使用带有滚动、行走和攀爬功能的机器人替人类处理一些可能致命的危险任务。专门用于危险工作的机器人可谓前景一片光明。

但在匹兹堡夏末的一天，惠特克的机器人专家团队将研究转向了不同方向。他们改装了一辆1990年的庞蒂亚克Trans Sport，这辆不起眼的灰色小型货车又扁又长。改装后的小货车在侧面搭载摄像头，方向盘旁边架着一台笔记本电脑。研究人员称，这辆名为"Navlab 5"的自动驾驶小货车已经改装完毕，可以在附近的申利公园自动驾驶。

我们也动身前去参观。车上的人类控制员名叫托德·约赫姆，是一名研究生。他坐在车里，双手离开方向盘，双脚悬空在踏板附近，时不时瞥一眼右边的笔记本电脑。这辆小型货车在公园宽阔蜿蜒的道路上行驶，方向盘有一些小颠簸，就像一个紧张的司机喝了两杯卡布奇诺咖啡的感觉一样，但车子并没有偏离车道。约赫姆解释说，车辆的摄像头可以跟随道路上绘

第八章 傻瓜式驾驶

制的线条，甚至可以辨别并跟随汽车尾气和油滴留在道路中央的深色图案。车子后备厢装有电脑，可以对所有信息进行解读，告诉汽车接下来该怎么做。

可以想象到，这个故事可能会发表在《商业周刊》上。我俩当时都在为《商业周刊》工作（我们一个在匹兹堡，另一个在罗马）。周刊文章的关键就是所谓核心段落。核心段落通常跟随在逸事导语之后，告诉读者他们应该继续读下去，以及这个故事为什么重要。也许由于缺乏想象力，对外行人来说，他们当时并不清楚为什么自动驾驶小货车在申利公园中行驶会对世界产生如此重大的影响。由于没有核心段落，到目前为止，有关那辆自动驾驶小货车的故事鲜为人知。

如今，惠特克实验室的机器人专家遍及整个科技界，从美国 Alphabet 的 Waymo 自动驾驶汽车项目到中国的滴滴出行。2015 年，优步大举进军匹兹堡，并从卡内基·梅隆大学机器人技术中心雇用了 40 名科学家和研究人员。[1] 一年半后，福特收购了 Argo AI 自动驾驶车辆虚拟驾驶系统开发商的主要股权。Argo AI 是一家前身位于匹兹堡卡内基·梅隆大学的初创企业。

显然，自动驾驶技术不再想方设法在核心段落中进行叙述，因为它正处于一场关键产业竞赛的中心。英特尔和 Strategy Analytics（市场研究与咨询机构）的一项研究估计，到 21 世纪中期，自动驾驶汽车将发展成一个价值 7 万亿美元的产业。[2] 这样一个数字是建立在对未来几十年系列假设基础之上的，不过

175

是一个疯狂的猜测罢了。但是，由此产生的重要观点是，这一领域的机器人技术有望发展壮大，并取得变革性进步。

挑战在于如何将我们大脑执行的工作编码到软件中去。长期以来，人们把人脑描述成一个不对称的球体，其不同思维功能就像地球上不同的大陆一样分布于大脑的各个部位——旧教科书中就是这样描述的。但是，现在我们知道了大脑的运作方式要复杂得多。我们的思想和记忆涉及数以百亿计神经元之间的复杂关系，这些神经元中的绝大多数相互作用还有待破译。然而，这个拥有不同认知领域、国家和君主国的旧球体是信息技术意图征服的地图。就像一支帝国军队，技术人员也在征服人们的认知王国。

他们这样做已经有几个世纪了。书面语言的发展标志着早期的胜利。如果大脑球体的某一块大陆代表记忆存储，那么随着古代技术人员发明了泥板、莎草纸和印刷机，这块专门用于记忆存储的大陆便可以从中释放出来进行其他工作。20世纪70年代，计算器取代了计算尺，数字化技术征服了算术王国。之后，随着文字处理技术的进步发展，人类从拼写的领域退缩了〔尽管一些坚持拼写的人仍然记得少数会让计算机出错的单词，比如"there"（在那里）和"their"（他们的）之间的区别，以及"its"（它的）是否应该加上撇号〕。

地图数字化后，尤其是手机和汽车上开始配备电子地图后，技术已经占据我们认知的一个庞大领域，即导航领域。这也产生了一个悖论：虽然电子地图为我们提供了精确数据，但我们使用电子地图时，已经不需要知道自己身处何处，又将如何到达目的地了，我们所需要的只是一个目的地而已。比如，过去一二十年的驾驶模式和飞行已经差不多相同了。我们只需走进汽车，然后遵循流程命令，下车时我们就已经到达目的地了。

与兰德·麦克纳利的道路地图集或伦敦的旧 A~Z 地图不同，网络地图不仅反映了地貌，还反映了交通网络。在网络地图上，高速公路变成红色，则表示交通拥堵。但在早期，地图仅提供一些信息。而通过自动驾驶汽车，地图延伸到现实世界，将我们的双手从方向盘上解放出来。

回到大脑这个话题，你可能会说，驾驶技术只是我们大脑的一小部分功能，与记忆和数字这些庞大的认知功能相比，显得微不足道。毕竟，人类开车的历史才不过一个世纪，大多数人都是到了成年后才学会开车的。（许多纽约人从来没有开车出去逛过。）驾驶是一种外来技能，就像骑自行车或玩电子游戏一样。

然而，把身体交给机器，把生命托付给计算机，是人类迈出的重大一步。对某些人来说，这种默许或放弃相比其他人来说困难得多。有些人也可能会坚持等待更长时间，以确保驾驶 99.999% 安全。而有一部分人则永远不会满意，因为媒体上报道的每一次交通事故，都会更加坚定他们反对自动驾驶的信念。

那么，社会上持"赞同"意见的那部分人，包括一个渴望发展的新兴产业，什么时候会允许我们在生活中广泛运用自动驾驶汽车呢？这个问题肯定会在世界各个国家和地区引发政治闹剧，其中大部分将侧重于比较经济学的考量。科技步伐缓慢的地区，会输掉全球科技竞赛吗？

中国大力推动自动驾驶等人工智能领域的发展，为研究提供资金。如果中国制造商和软件公司能够将其无可匹敌的市场变成全球最大的技术实验室，那么欧洲和北美国家所面临的压力可能会越来越大。

按照机器人技术的标准，自动驾驶在很大程度上其实已经实现了，尤其是在高速公路上。这些自动驾驶汽车已经在亚利桑那州、迪拜、匹兹堡和广州等地广泛使用，安全、谨慎地行驶了数百万英里，同时还严格遵守限速规定。当然，由于城市交通状况极为复杂，自动驾驶汽车也无法完全百分之百判断准确，并做出恰当反应，所以导致了一些交通事故的发生。2018年春季，凤凰城郊区就发生了一场致命悲剧，给自动驾驶汽车行业按下了暂停键。优步的沃尔沃自动驾驶汽车使一名49岁的女性身亡，于是该公司暂停了道路测试，尽管6个月后又恢复了测试，但测试规模较小，并且增加了许多控制措施。

我们可以将这一阶段的挑战归结为"要掌握百万分之一的例外情况"：佛罗里达卡车的车厢板可能看起来像是一片空地，柏林屋顶上的一大块冰可能会掉下来。与此同时，社会必须权衡成本和收益，并决定其愿意承担多大的风险。

有些人认为，维持现状会带来很大的风险——全世界每年有100多万人死于高速公路事故，其中美国大约有3万人。如果自动驾驶汽车能够将这一数字减少9/10，在全球范围内减少到10万人，在美国减少到3 000人，难道不值得一试吗？哥伦比亚大学数据科学研究所所长珍妮特·温说道："这是工程师的思维方式。"

这种逻辑无可挑剔，但是仅凭数字无法支撑这一论点。如果我们允许自动驾驶汽车投入运营，出现致人死亡的事故，尽管数量较以往下降，难道我们不应该对那些死亡负责吗？毕竟，问题不再是人为造成的，而是社会为了效率或利润而牺牲生命的决定造成的。当涉及风险时，社会常常假装不去量化风险，因为计算风险似乎等同于接受风险。

那么我们该怎么做呢？我们在自动驾驶汽车方面取得了进展。最终，我们认为它是最安全的，但同时我们也承认，自动驾驶汽车偶尔会出现问题。

*****

山区公路上矗立着一块画有S形曲线的黄色标识。仅靠这条S形曲线，很难完全真实描绘出这条山区公路的实际地貌，它只会向司机传递一个简单的信号："准备转弯。"

道路制图学已经发展了几个世纪，它有一个统一的目的：

引导人们从 A 点到达 B 点。制图者的客户是人类驾驶员，他们需要明确的信息，太多细节会把他们搞糊涂，在决定哪些信息应该突出显示、哪些信息应该省略时，制图师会想象旅行者的思维过程。地图和语言一样，是连接人类思想的符号。

但这种情况正在改变。最新的制图学领域是为完全不同的用户设计的，即一个软件程序。与人不同，自动驾驶汽车的导航程序需要具体的细节——每一条弯道，每一个凸起的路缘，每一条经过的车道，所有细节都精确到厘米。地图不必很漂亮，因为痴迷于数据的用户对外观毫不在乎。

与此同时，自动驾驶汽车的地图必须不断变化，以适应现实世界的情况。保持地图随时更新至关重要。如你所料，自动驾驶汽车的驱动程序非常注重细节。当然在应对突发事件方面，和人类相比，它们也是存在缺陷的。因此，它们需要源源不断的报告，包括交通拥堵、被撞死的动物，甚至是关于被撞歪的拖拉机拖车的报告。从这种意义上讲，它们需要能够传达四个维度的地图：现实世界的长度、宽度、高度，再加上时间。

要理解自动驾驶汽车的局限性，最好的方法也许是反思一下人类物种的多任务处理能力。比如说，一个开普锐斯的司机遇到一根落在地上的橡树树枝，树枝挡住了她的整个车道。她打电话找人帮忙，同时低声咒骂着。

"你说什么？"她的朋友问。

"噢，没什么，就是……"她停顿了一两秒钟，同时将自己神奇的大脑（迄今为止宇宙中最复杂的电路）置于解决问题的模式中，大脑执行大量快速的假设分析计算，每一项都进行风险回报分析。她很快瞄了一眼对向车道是否来车，扫描前方路口是否有警察，计算了普锐斯的转弯半径。瞬间，她快速违规掉头，开向备用路线，然后又继续与朋友交谈。从预测到空间分析，这是人脑巨大的智力负荷，涉及多个维度。目前为止，人工智能还无法与之匹敌。

除了了不起的大脑外，我们还与所居住的物质世界保持着某种原始联系。我们在地球上生活成长，在还是蹒跚学步的幼童时就学会了有关光、动量和引力的基本原理。在生活的众多方面，我们与周围世界是一体的。我们的工具，包括汽车，是我们身体的延伸。人工智能科学家努力利用海量数据和处理能力来模拟人工智能的各个方面。计算机"认知"危险，便是复杂统计计算得出的结果。

回到女性驾驶员在街道上违规掉头的场景，现在让我们想象一下自动驾驶汽车会有何反应。车子停在同一条掉落了树枝的车道上，树枝这个障碍给自动驾驶汽车带来了一个更大的问题，违规掉头是不可能的。所以自动驾驶汽车会转到对向车道以绕过树枝。"车辆对于遵守交通法规有明确的指令。"位于帕洛阿尔托的地图初创公司高深智图的首席运营官罗薇说。这意味着自动驾驶汽车几乎没有办法随心所欲地驾驶。（这也是它们比我们自己开车安全得多的一个重要原因。）可不幸的是，自动驾驶汽车可能会被挡在那根树枝后面一段时间，因为车载地图没有及时更新，它无法获悉避开该特定街道的消息。

在整个职业生涯中，罗薇都在开发下一代地图。她在中国中部城市西安长大，是一位身材娇小、说话轻声细语的女士（在解释技术方面有着超乎常人的耐心）。1974年，西安农民挖井时发现了两千年前的兵马俑，雕塑这支兵马俑军队为的是在秦始皇死后仍能保卫他。

罗薇在北京获得了经济学和城市规划学位，然后漂洋过海来到加州大学伯克利分校学习，获得了地理信息系统博士学位。这个专业融合了地理和数据两大领域，地理信息系统能根据正在发生的事情对一个地方进行描述。从历史上看，地理信息系统是地理学科中未被人们充分探索的领域，原因在于收集所有必要的数据对人们来说确实是一件苦差事。1832年，法国地理学家夏尔·皮凯用彩色编码的地图描述了霍乱在巴黎各区蔓延的情况。[3] 这是一项伟大的工程，但费时费力，而且每出现一例新的霍乱病例，这个地图就过时了。

罗薇到达伯克利时，地理信息系统已经不再是地理学的边缘学科了。1999年，互联网的发展有望带来源源不断的新数据。人们不仅能在地图上找到一个地方的位置，还能查询该地的状况。例如，现在下雪了吗？餐厅开门了吗？现在是佛蒙特州中部树叶最茂盛的时候吗？这样的例子不胜枚举。许多应用程序都与商业案例关系密切，而在互联网最繁荣的时候，风险投资行业给这些应用投了数百万美元。

占主导地位的地理信息系统即数字地图。2006年，罗薇来到谷歌工作。9年来，她一直活跃在地理数据结合的产品开发和服务中。她先是任职于谷歌地球部门，随后转向谷歌地图的研发。在谷歌，她开展了一个将人们的兴趣与其所在位置进行匹配的项目，并对人们可能想去的目的地提出建议。地理信息系统从夏尔·皮凯开始，一路不断发展前进。

*****

我们都知道有些人依赖于查看地图，甚至当埃菲尔铁塔或扬基体育场就在窗外时，他们还在不停地查看地图。"好了……应该就在右前方。"

如果你把这些人对地图的依赖乘以10倍，或者1 000倍，你就可以理解自动驾驶汽车和其配备的地图之间的联系了。没有地图，车子根本无法驾驶。当自动驾驶汽车穿过城镇时，地图上对每一处细节的细致展示令人难以置信，我们甚至可以看见每一个停车位，乃至每一个坑洞。在这条路上，这辆车将其所见和地图中的预设相匹配。是否有停车标志？有。是否有公共汽车站？有。只要汽车所见与地图所示一致，那么自动驾驶汽车就是在正确的道路上行驶。这是一项基本工作，并不复杂。

地图软件还需要具备报告功能，这也正是可能会使情况变得混乱的功能。为了使网络保持在最新状态，每一辆车都要时刻注意发生的变化。因为它们有可能遇到这些变化产生的相应情况。罗薇说："当你举起放大镜看向地球表面时，你能观察到地球总是在不停变化的。"影子来来去去，树枝在微风中摇曳，锥形路标堵塞了伦敦查令十字路的出口车道。每辆汽车对这些变化的观察，产生了每小时一万兆字节的数据，这是足以存储250部电影的数据量。但在这些成千上万个变化中，哪些更重要呢？地图编程必须筛选这些数据并挑选出相应的部分。进行这样的判断需要成熟完善的人工智能来操作。

即使对一个机器人来说，也不难看出，在圣安东尼奥10号州际公路东向左边车道上横冲直撞的雄鹿必须报告给系统。联网地图可以对它可能产生的影响进行测量：从塞金后方的1.35英里处，交通开始拥堵，这值得注意。然而，罗薇说，其他的观察结果并不那么清楚。重新铺设人行道会怎么样？会影响附近的交通吗？地图应该重新规划自动驾驶汽车的路线吗？路边的小水坑没有影响，但5倍大的水坑呢？甚至100倍大的水坑呢？对行车造成影响的水坑标准怎么界定？

测绘软件必须回答由此产生的成千上万个问题。有些答案已经被定义为规则。但大部分智能是由机器学习产生的。该软件对自动驾驶汽车所记录的数千英里的旅行数据进行分析，并将相应变化（如锥形路标和人行道上贩卖商品的摊位）与混乱的交通联系起来。水坑变大，就会对行车产生影响，而人工智能则计算出其统计阈值。这项计算随着时间变化而变化，以适应每一个产生细微变化的环境。（在这方面，它很像金融市场上的大宗商品指数。）随着人工智能处理了越来越多的数据，从数千英里再到数百万英里，它对重要信息和不重要信息的区分也变得更加精确。

但是它必须迅速计算出来。对于高速行驶的汽车来说，每一秒都生死攸关。网络架构师需要解决的一个中心问题是，如何部署智能？车辆本身应解读多少地理数据，又有多少数据应该上传到云端的人工智能？一方面，云端可以从多个来源获取数据，将这些数据与历史模式进行匹配，并提供更多的智能配置。但是，即便是号称传输速度比 4G（第四代移动通信技术）快 100 倍的超高速 5G 网络，当信息在云端和车辆之间来回切换时也会产生网络延迟的问题。当看 Netflix 的电影没有信号时，电影迷们可以用手调整网线，但自动驾驶汽车没有这样的操作。更重要的是，由于网络连接无法保证，自动驾驶汽车必须能够从基本地图上感知到偏差，并做出适当响应。

这种新的高清地图只是自动驾驶操作的一个方面。整个数据包称为全栈。除了提供地图之外，它还具有其他领域的认知能力，每个认知都有自身庞大的研究领域。人工智能的主层之一就是，对传入数据进行解读，理解汽车行驶的世界。它要与汽车的地图相协调。另一方面则是规划路线，再一个就是采取行动。自动驾驶操作系统控制着车辆，需要在短时间内做出适当决定。

像高深智图或纽约的 Carmera（高精地图及数据分析公司）这样的专业公司，只关注堆栈的一个级别。它们认为，包括汽车公司在内的产业龙头，将从各个领域最优秀的公司中挑选最顶尖的人才，并将人才与全栈相结合。它们面临整合运营的问题，例如 Alphabet 的 Waymo，中国的小马智行、震旦，以及其他一些正在构建全栈的公司。这些公司都拥有充足的资金和大量博士雇员，并且都投身于规模巨大但充满未知的新兴机器人市场。

整个行业存在的一个问题就是时机问题，尤其是像高深智图这样由风险投资支持的初创公司。虽然这类公司目前正在进行大规模投资，但要在整个区域内广泛使用能够自动驾驶的车辆（即所谓 4 级车辆），可能还需要 10 年才能具备一定规模。可以去任何地方的 5 级自动驾驶汽车，甚至还要更晚一些才会面世。与此同时，除非找到短期市场，否则初创公司极有可能会耗尽其风险投资。

最合理的解决方案是，把人工智能应用强制安装到现在的汽车中。我们已经看到了这一点，如汽车提供自动换道、平行停车和各种警报等功能。这个过程将引导我们逐步实现自动驾驶，从人类驾驶员手中一点点接过汽车的操控权。同时，车辆还将拥有更智能的地图，实时更新道路状态信息并优化修正路线选择。这些新的地图是为与软件程序沟通而开发的，但至少在未来几年内，可以服务于人类，赚取一点利润活下去。

新一代地图将提供各种新服务。通过增强现实技术，地图可以采用音频和视频形式提供路线相近信息以及相关娱乐活动。

不过，如果管理不善，这些新服务可能也会变得令人讨厌。过于热心的地图可能会迫使你到商业伙伴那里停车，无论你是在咖啡馆还是充电站。健身应用程序每隔一两个小时就给你指出理想的锻炼场所。就像手机上的某些应用程序一样，除非驾驶员调整了默认设置，否则一些车辆可能会自动停车。（你可以想象一下，开会要迟到了，你却惊恐地发现车正在驶出高速公路，要带你去红树林或南北战争战场漫步休养。）

在这一过渡时期，让人类参与其中还是有好处的。专家可以从中了解人们的偏好。地图本身可以通过司机对数据的反应进行学习。例如，人类开车时可能会绕过水坑避免水溅到他人身上。通过这种方式，可以告知方向盘后面的导航引擎准备好来取代人类驾驶。

*****

2010年夏天，传奇篮球运动员勒布朗·詹姆斯离开了家乡俄亥俄州，签约迈阿密热火队为其效力。他说："今年秋天，我要让我的才能在南部海滩发光发热。"他不是一个人去的。实际上，詹姆斯和另外两个明星球员——德怀恩·韦德与克里斯·波什已经组建了一支旨在赢得总冠军的梦之队。队伍成功了，并在NBA（美国职业篮球联赛）中创造了一个持久模式，即当管理层买单时，篮球明星们可以组建自己的球队，并招贤纳士。

欣欣向荣的人工智能市场里（包括自动驾驶汽车），也出现了类似的情况。超级巨星统治着这个领域。他们挥舞着斯坦福大学、麻省理工学院或卡内基·梅隆大学的顶级文凭，在大数据公司负责领导极具创造性的项目，比如谷歌的母公司Alphabet、中国搜索引擎的先驱百度。像勒布朗·詹姆斯一样，这些明星企业可以筹集资金、吸引人才，并建立旨在获得冠军的梦之队。

在成熟市场中，创意远比大学文凭或工作证书重要。传统企业家是推销产品的行家，无论是机器人吸尘器还是充满异域风味的冷冻酸奶，他们都可以成功销售。这些企业家可以讨论目标市场、成本和价格。但是驾驶汽车的人工智能并不是一个可以销售的东西。这种智能还不存在，是一套需要去开发和管理的技能。事实上，投资者押注的是，一家公司的人工智能将比其他公司更聪明、效率更高（或者，引用勒布朗·詹姆斯的话来说，更有才华）。这种智力创造的常见策略是，把钱砸在其中一个或几个超级明星身上。

这将我们带到了小马智行位于广州的办公室中，这家公司是中国自动驾驶软件豪赌中的一个。该公司是勒布朗梦之队模板的忠实追随者。其中的超级巨星是联合创始人彭军。他在百度担任首席架构师,亲自上阵主导自动驾驶项目。在那之前,他在谷歌工作了7年。他是斯坦福大学博士,清华大学学士,履历绝对符合要求。他是小马智行的首席执行官。

接下来是首席技术官楼天城。他是一位竞争力极强的程序员,曾两次赢得谷歌著名的 Code Jam 编程挑战赛。小马智行团队中还有中国唯一的图灵奖(相当于计算机科学领域的诺贝尔奖)得主姚期智,他是技术顾问。姚期智在哈佛大学获得了物理学博士学位。

彭军建立起这个核心团队时,就有投资资金开始流入了。小马智行在18个月内筹集了2亿多美元的投资。2018年,一分钱都还没赚到,该公司的估值就已经达到10亿美元。"独角兽"这个词就是用来形容价值10亿美元的初创企业的,也正是小马智行在广州办公室里那尊巨大犀牛雕像的原型。它不像神话中的马一样优雅,但严格来说,独角兽长得都是一样的。

最初,小马智行在太平洋两岸建立了两个总部,一个位于加州弗里蒙特,靠近特斯拉,另一个则在北京。2017年,中国南方城市广州开辟了面积达12平方英里、有着40万人口的城市区域,可以作为自动驾驶汽车的实验室,从香港地区到达这个区域,只需要乘坐一小段渡船沿珠江而上即可。小马智行立即在这里展开研究和测试。小马智行的目标是,通过采用自己研发的软件增强自动驾驶出租车队的能力,并在世界各地的城市中运营,其第一个市场就是中国。

中国长期以来一直是汽车经济的追随者。几十年来,中国不断引进外国投资和技术,这些技术主要是日本、欧洲和美国的设计。

这种情况可能会发生改变,这是出于两个因素。首先,中国巨大的国内市场正在全力推广电动汽车。摩根大通的一项研究显示,中国自身的电动汽车销量就可能占全球电动汽车销量的59%,到2025年,将占据更大市场55%的份额。[4] 尽管存在贸易摩擦,尤其是中美之间,但中国汽车制造商仍希望以质优价廉的电动汽车进军西方市场。为了做好充足的准备,中国汽车制造商不断吸引顶级汽车设计师。

与此同时,中国致力于推动在每一个主要技术领域培养精英,其中也包括自动驾驶汽车的人工智能全栈。因此,中国的汽车工业将以电动汽车和人工智能研究的巨额资金、最强的海量数据,以及世界上最大的汽车市场(唯一处于增长模式的大型市场)作为特点。这是一个强有力的组合形式。

推动中国进步的是其各个制造业城市竞相争夺主导地位。不同于美国只有一个标志性的汽车城,中国拥有众多汽车制造中心。在香港设有办事处的汽车行业顾问迈克尔·邓恩说:"中国有6个汽车城,上海规模最大,但广州无论规模还是质量都在快速提升。"

从广州来看,如果中国公司,例如小马智行可以开发出占主导地位的软件平台,并将平台与当地的汽车制造商结合起来,那么作为中国令人骄傲的南方之都,广州或许可以超越北京和上海,引领下一阶段的世界潮流。这就是广州的计划,这也是广州开辟一大块城市土地作为自动化技术孵化地的原因。

一个阳光明媚的下午,在小马智行的广州办公室里,犀牛雕像后面的开放工作区域内挤满了千禧一代,他们趴在电脑前。世界上任何地方的人工智能实验室都是如此。胡闻很年轻,他是负责这个办公室的首席运营官。在就职于小马智行之前,他曾在一家机器人初创企业担任财务主管。但是在广州,他负责监督一个研究实验室。胡闻面带微笑,说着流利的英语,声音很轻柔。

实验室的技术人员正在研究大量小马智行车队的数据,这些数据采集于广州南沙区街道上行驶的200辆自动驾驶汽车。有了银行、办公园区和大型的喜来登酒店,南沙区的街景非常像美国的坦帕,也像井然有序的达拉斯郊区。南沙区的汽车有从美国进口的林肯混合动力车,也有中国广汽和比亚迪生产的电动轿车。它们的目标是到21世纪20年代初,在主要城市拥有提供自动驾驶出租车服务的车队。

如果你把软件看作一系列认知功能,你就会注意到其首要任务是感知周围环境。研发机器感知代表了整个人工智能领域,其中包括机器视觉。在自动驾驶汽车中,感知功能与地图间的关系相当密切。与人的感知相比,自动驾驶汽车的感知能力可谓奇迹。它可以"看到"一英里外街景或事物的所有细节，还能以厘米为单位计算距离。但问题是，自动驾驶汽车很难自己理解这些数据。它什么都不"知道"，而是试图通过计算数字来弥补这一缺点。

自动驾驶汽车的感知教育远落后于我们数百万年。可以想象一下我们的祖先，一个年轻的女孩，在非洲大草原上散步。她发现远处有一个蜷伏的身影，身影的一部分被黄色的草丛挡住了。她认出了那个黑影就是狮子，开始估计自己与它的距离，计算它能以多快的速度追上自己。如果计算正确，聪明地逃过被狮子捕食，那么她存活并孕育后代的机会就会略微提高。这些在人类身上传承了数百万年的感知，已经变成了我们的第二天性。这些感知就是驾驶的基础。

为了复制人类的感知，广州的小马智行研发的车里装满了传感器，包括三对"眼睛"。最重要的配件是安装在车顶的两个激光雷达单元，每秒钟可以向各个方向发送 160 000 个激光脉冲。通过测量每个脉冲反弹所需的时间，激光雷达捕捉到汽车周围物体的距离。摄像头则负责检测这些物体的形状和颜色，并将获取的信息传入人工智能中，从而识别物体是汽车、路标，还是树木、行人。在理想情况下，它可以区分正在从固定垃圾箱装垃圾的垃圾车。同时，雷达还可以捕捉到所有运动物体的速度。胡闻说："如果把这些功能都放在一起，就是对人工智能世界的绝佳描述。"

第八章 傻瓜式驾驶

它需要进行强大而复杂的计算,即所谓传感器融合技术,通过融合所有传入的数据并使之产生相应的意义。在几微秒内,针对不断变化的街景,这个软件可以产生连贯的视觉效果。

了解汽车周围的环境只是第一步。该系统还必须为汽车绘制出实时行车路线,并引导车辆通过所有障碍。每经过一两个街区,交通信号灯就会变黄,驾驶员紧随前面的车辆行驶,此时一位老人提着杂货过马路。自动驾驶汽车必须成功应对每一个挑战,才能安全到达目的地。

小马智行的每一辆汽车都坐了两个人。一个坐在驾驶座上,时刻准备在紧急情况下控制方向盘。另一个坐在副驾驶的位置上,研究仪表盘上的屏幕,观察汽车所感知到的东西,以及汽车是如何解读数据的。

自动驾驶汽车正在进行教育之旅。每次行程的目的就是让其产生困惑,因为每个困惑的场景对车辆来说都是一个学习机会。这些场景中大多数涉及人类驾驶员的个性化行为——对于自动驾驶汽车而言,这便是最大的不确定性因素。例如,自动驾驶汽车可能会在四向停车标志[①]前受到阻碍,因为一个胆小的人类司机出于某种原因,可能不愿意先行。在这种情况下,另一位人类司机可能会对他不耐烦地挥手,并生气地说"走啊",而心烦的司机可能会对那名司机闪烁大灯,甚至按喇叭。但是,自动驾驶汽

---

① 美国的四向停车标志表示所有道路的优先级别一致,汽车遵守先到先走的原则。——译者注

车能做什么？对于工程师来说，这又是一个亟待解决的问题。

或许小马智行的其中一辆车正绕着广州转圈，并没有因为一辆驶来的摩托车而减速。幸运的是，骑摩托车的人踩了刹车，避免了一起撞车事故，但这件事却给了小马智行的人类司机一个警醒。诚然，根据法律有关规定，自动驾驶汽车不需要减速——这是环形交叉路口的规则，这辆自动驾驶汽车享有路权，这条规则已经被编程在启动驾驶系统中——然而，你永远不知道一个谨慎的人类司机会在什么时候轻踩刹车。迎面而来的摩托车司机可能不知道这条规则，也可能无视这条规则。这一事件引发了程序员们的讨论：是否应该让自动驾驶系统更为谨慎？也许看到摩托车就自动刹车？

这些难题都代表了一项自动驾驶汽车要掌握的新技能。这些技能都加进了一个庞大的场景库，该场景库是通过广州数千英里的行程收集的，在北京和加州进行了小规模测试，并进行了成千上万次计算机模拟。最后一次测试中，小马智行团队将这些场景分成大约100组，每组又包含许多小组。对于每个场景，小马智行的科学家都建立并完善了大量算法。胡闻表示，有时候，工程师会就单一场景的适当类别展开近乎神学般的辩论。

这些场景算法仅代表自动驾驶汽车数字大脑的一小部分。如果你能对此进行仔细分析，就会发现智能分为两部分：一部分处理规则，另一部分应对涌入的海量统计数据。规则即法律和规章,比如限速和优先通行权,这些你可以在政府的驾驶手册中找到。如果你违反了相应规则,可能会被开罚单或者造成撞车事故。这些规则构成了自动驾驶世界里确定的那部分,它们被编入系统,不容置疑,不能更改。

智能的另一部分是容纳数据。数据不是知识,而是学习的原材料。计算机对数据进行处理,计算出一系列概率。这就是人工智能对"思考"的模拟。如果前方的垃圾车延缓了交通,人工智能可能会进行计算,以权衡变更车道的利弊。变道提速的概率是多少?另一个司机突然驶入同一车道的概率有多大?这些答案以大量数字的形式反馈给系统,自动驾驶系统依此做出相应决定并采取行动。

计算机依赖统计数据来弥补它在物质世界中的不足,即它完全没有动物本能。所有的动物,从蚂蚁到大象,包括人类自身,对时间和空间、重力和动力都有着天生的感知力。就像洞穴里的小女孩发现了蜷伏的狮子,我们有着非凡的模式识别能力。我们基于所见构建行为,对某些行为加以磨炼,使其变成本能。正如诺贝尔奖得主丹尼尔·卡尼曼所述,这种本能减轻了我们大脑的处理负荷,加快了我们的反应速度。[5] 刚学习开车时,我们会想到应与前车保持多远的距离(有时还会和父母争论)。但是随着时间的推移,这种分析就成为本能,这就是为什么人们可以熟练地驾车上下班,5 分钟后却几乎记不得自己是怎么开的。

对大量运行分析的机器来说，赋予其人类技能是一个崇高的目标。输入其中的信息，要么被它全部消耗，要么就是零消耗。这些机器正在努力抵达广阔而复杂的认知大陆。

除了建立这些智能导航以外，像小马智行这样的公司还必须建立自身的商业运营模式，包括与汽车制造商达成协议，开拓新市场，许多公司还会推出自己的自动驾驶车队。

运营车队至关重要，不仅是为了收入，也是为了学习。每辆自动驾驶汽车，无论是在北京的某个地方送餐还是在圣迭戈从事出租车工作，都是一名"学生"。它无休止地收集数据，偶尔还会产生困惑。自动驾驶汽车上路工作时，就好像已经从大学毕业，正在读研究生一样。每个人工智能团队拥有的自动驾驶车辆越多，能学到的和提高的也就越多。

但是，运营车队自身也产生了一系列问题，有些问题通过软件无法解决。假设现在是新奥尔良的狂欢节。两名狂欢者从波旁街附近的一家酒吧走出来，手里拿着绿色代基里酒，然后叫了一辆自动驾驶汽车返回酒店。他们走进车里，当然，车里只有他们两个人，无人监管。试想一下接下来会发生什么？或许其中一个把他的三明治掉在车里，还不小心踩了上去，也许他的朋友把饮料洒了，也许他们叫自动驾驶汽车不停地绕圈。这只是其中一个混乱的场景。其他乘客可能会将没有拴绳的宠物，甚至狂躁的动物带入自动驾驶汽车内。恶作剧的种类无穷无尽，所有这些都意味着下一个乘客的旅程将会很不愉快，甚

第八章　傻瓜式驾驶

至令人恶心。这种现象威胁到出租车的整个商业模式。

在技术专家的理想世界中，运行自动驾驶汽车的全栈拥有一个自我清洁的应用程序，可以安装机械手臂用于擦洗座椅并在地毯上喷洒消毒剂。但要实现这一理想还有很长的路要走。在短期内，自动驾驶汽车服务尝试让人负责维护，这类人也就是客户。这在网络经济中并不是什么新鲜事。像脸书和微信这样的社交应用已经在客户所创建的内容上建立了自己的帝国。让客户清洁脏车可能更具挑战性。

避免产生麻烦的一个有效方法就是监控。这些自动驾驶汽车上肯定都安装了全天监控的摄像头，这样就能知道是谁把脏兮兮的汉堡包装袋留在座位上了。对乘客进行监控，可以让公司给那些不守规矩的乘客差评。公司可以拒绝为那些差评乘客提供服务，或者每英里向他们收取更多的费用。但胡闻的看法则比较积极，他考虑推出奖励计划，他说："如果你10次乘车都遵守规则，就可以免费坐车一次。现在，我们正在对不同的激励机制进行内部测试。"

*****

在佛罗里达州西南部的沼泽地闷热的一天，一群老人在新开发的项目——巴布科克牧场的路边排队。他们中的许多人戴着棒球帽，有些人用杂志遮住眼睛，其他一些人靠在藤条上小憩。他们都在等待试驾自动驾驶汽车。

巴布科克牧场是这项技术的试验场。这是一位名叫叙德·基特森的开发商的创意,他曾是绿湾包装工橄榄球队的前锋。从橄榄球队退役后,基特森转向了佛罗里达州正在蓬勃发展的开发业务。但是不久之后,基特森了解到整个州的经济增长是以汽车为中心的,他认为这是不可持续的。

在这个不断扩大的柏油路网络中,有一块绿地保留了下来。这块绿地就是巴布科克牧场,该牧场占据了奥基乔比湖和墨西哥湾海岸间重要水上走廊的大部分。一个世纪以来,巴布科克家族在牧场的某些地方进行采矿和牲畜饲养。但是,牧场大部分区域都未开发,是短吻鳄、苍鹭和白鹭的栖息地,也是河流的绿色通道。

经过整整 10 年的努力,2014 年基特森与巴布科克家族的继承人以及佛罗里达州达成了一项协议。基特森会从巴布科克家族手中买下这片土地,并将土地的 80%,即荒野部分,交给国家作为保护区,他将在剩下的土地上建造一座未来之城。

但这座城镇与其他城镇不一样。基特森与佛罗里达州的天然气和电力公司达成了一项协议,即在他的土地上建造一个超大型太阳能发电厂。他承诺,巴布科克牧场将是一项可持续发展的项目,专为后汽车经济时代而设计。在基特森看来,他正在为佛罗里达州的未来构建模型。

前两百栋房子已经建好了,正如佛罗里达州其他开发项目一样，这些房子拥有可以容纳两辆车的车库。多数房子的新主人开车到迈尔斯堡的办公室，或沿海岸开车到蓬塔戈尔达海岸。汽车经济不会因为基特森的说辞就轻易消失。

实际上，像巴布科克牧场这样的可持续发展项目面临着和小马智行以及其他自动驾驶行业一样的挑战。在汽车仍占主导地位的 10 年中，它们也要发展。基特森说，他的想法并不是要剥夺人们拥有汽车的权利，而是让人们不再过度依赖汽车出行。为此，新建的巴布科克牧场拥有一个可以步行的闹市区，其中有百货商店、冰激凌店和不断扩大的自行车道。

但该战略的核心是一支自动驾驶车队，该车队将于 21 世纪 20 年代推出。基特森预测，当居民习惯了自动驾驶出行后，便会处理掉自己的第一辆车。最终，当车队的行驶范围扩大到巴布科克牧场以外的地方，进入佛罗里达州西南部的高速公路和林荫大道时，"他们也会处理掉自己的第二辆车"。

关键是要让人们为未来这种自动化驾驶做好准备，正如那群站在路边的佛罗里达人。基特森与汽车工程师协会合作，举办了为期三天的自动化驾驶展演。很多人前来想要体验这一技术，但其中有些人还是放弃回家了。

那些留下来的人会乘坐一辆由弗吉尼亚州初创公司佩龙机器人公司（Perrone Robotics）运营的自动驾驶 SUV，进行一场缓慢的两英里之旅。这趟在几条死胡同里进进出出的旅程，就像 1997 年在匹兹堡申利公园进行的 Navlab 5 测试之旅一样小心谨慎。这款 SUV 以令人厌倦的精准四处行驶，就像是驾驶员培训视频里那样。除了驾驶员没有手握方向盘这个小细节外，整个驾驶过程相当乏味。

　　这也正是问题所在。向人们推销自动驾驶技术的关键是，要小心谨慎不犯错，遵守规则。来自圣彼得斯堡的州参议员杰夫·布兰德斯是自动驾驶技术的拥趸，他这样说道："上车的第一分钟感到害怕，接下来的五分钟就有了兴趣，随后就觉得无聊了。"这就是自动驾驶服务在一个地理封闭区域融入我们生活的方式，无论是在巴布科克牧场还是在广州南沙区。当乘客进入车厢，感到无聊，并陷入沉睡时，我们便知道这项技术正在赢得人们的信任。

第九章

上海：黄浦江上的培养皿

对于技术研究人员而言，赴美学习是一种选择，在美国学习可以第一时间了解到交通发展所面临的挑战。例如，马萨诸塞州剑桥错综复杂的交通线路，旧金山以南 101 号高速公路的交通堵塞，以及亚特兰大或奥斯汀永远等不来的公共汽车。

然而，上海交通大学的首席研究员张希却有不同看法。他曾就读于霍顿市的密歇根理工大学，该市有 7 700 人，位于密歇根州的上半岛，在底特律以北 550 英里处。冰冷的苏必利尔湖对面就是安大略省桑德贝市。霍顿与张希熙熙攘攘的家乡——上海，形成了鲜明的对比：上海气候闷热，拥有 2 500 万人口。回想起在霍顿的冬天，张希记得他总是缩着脖子，双臂抱在胸前，牙齿冷得打战。

当然，张希知道，美国和欧洲的许多城市都要比霍顿这样的城市复杂得多。他说，中国的一些特大城市，包括上海在内，都有自己独一无二的特征。

▶▶ 出行革命

在上海，电动车大军在街道和人行道上呼啸而过。电动车不会发出太大的声响，所以有时会和行人发生摩擦。行人有时在双向车道上行走，有时还会拉着孩子、牵着狗。上海的许多司机就算在绿灯时通过路口，都会下意识地踩刹车，以防有行人会闯红灯。(司机通常会在信号灯变红之前按喇叭提醒有来车。但是，这样的做法现在很少见了。中国规定在大城市里，在"不必要"情况下禁止鸣笛。声学相机会将鸣笛长达2秒的车辆拍摄下来，并对认定为鸣笛不当的驾驶员处以罚款。[1])

像上海这样的城市，虽然存在上述问题，但也给中国下一阶段的交通工程发展带来了竞争优势。如果中国的人工智能经过训练后可以在上海安全导航，如果中国的自动驾驶汽车会避开自行车和摩托车，会预测横穿马路的人要从哪个角落飞奔到另一个角落，"那么它在世界任何地方都没有问题"，张希说道。相反，汽车要是在亚利桑那州井然有序的公路上，或是密歇根州上半岛新修的道路上训练，很可能到了中国会因当地复杂的路况而无法正常工作。

中国错综复杂的情况可以作为一种有效的防御手段——这一说法可以追溯到数百年前。300年前，在清朝时期，西方商人挤进了他们在广州的一小块飞地，却因晦涩难懂的普通话和广东话而处处受限。在那时，中国人教外国人中文是犯法的。[2]清朝皇帝认为，只要外国人永远不了解中国广阔的市场，自己的国家就会安然无恙。

第九章 上海：黄浦江上的培养皿

在上海，有关国际竞争力的问题层出不穷。掌握未来交通无疑是赫尔辛基、迪拜和洛杉矶未来几十年蓬勃发展的关键。当然，这些城市也想要超越它们的邻居，无论是斯德哥尔摩、阿布扎比还是旧金山，但是它们的竞争重点是城市。相比之下，在中国，即使北京和上海在争夺龙头地位，发展新的交通也具有战略意义。中国希望在人工智能和汽车方面处于领先地位。这是一场竞赛。比尔·拉索曾任克莱斯勒高管，现任上海Automobility（战略投资公司）的首席执行官，他说："中国有机会超越西方。"

在一个温暖的秋日早晨，蓝色烟雾之下，上海市中心的一家酒店举行了一场为期一天的交通会议，与会者众多。张希是此次会议的特邀演讲嘉宾。轮到他发言时，他解开外套，挥舞着手臂，松了松领带，在讲台上来回走动。他滔滔不绝地讲着，在切换幻灯片时理了理额头上的碎发。

在上海交通大学的智能网联电动汽车创新中心，张希及其团队进行专注于上海行人的研究，即通过机器学习引擎处理PB（拍字节）级的街道监控视频，其目标是使用自动化智能来研究形形色色的上海行人。

其中一张幻灯片中的照片拍得栩栩如生。照片看起来像老式的8位电子游戏，粗略的线条轮廓代表行人。他说，人工智能会聚焦人体的各个部位，比如脚踝、膝盖、手臂，还会尝试预测每个人运动和前进的方向。

与许多人工智能项目一样，我们面临的挑战是编码。这些编码需要我们可以一眼认出，并且通常要无意识地辨认出。试想，在星期六早晨，上海的一名司机驾车沿着黄浦江以北的法式老城区——卢湾区行驶，幽静的道路两侧是一排排梧桐树。逛街的人在人行道上来来往往，有的人在逛商店，有的人在肉食店门前排队。店里的肉贩用刀把红褐色的北京烤鸭切成一堆堆整齐的肉片。当司机看到一名老人站在路口，拄着拐棍儿，这时他的大脑会快速地进行风险计算：老人横穿马路的概率有多大？如果大脑得出的结论是概率近乎为零，那么司机会继续加速通过。在下一个路口，他看到了一个十几岁的男孩，小男孩正在边过马路边玩手机。这时司机会立即松开油门，把脚放在刹车上，随时准备刹车。

张希的研究项目就是要让计算机学会进行此类风险分析。他说，仅学会分析街道和人行道上各类行人的行动还远远不够。由于行人的行为大相径庭，人工智能还必须确定每个人的性别和大致年龄。张希说道："男性容易心存侥幸，但如果他身边有女性，他们就很少会去冒险。"

如果将上海来来往往的行人和车辆视为一块巨大的挂毯，那么张希在上海交通大学的行人研究就只是这块挂毯中少许的丝线。其目的仅是预测人的活动，而不是去安排人的行为。在上海，有一个规模更大的项目是管理和优化城市中的大部分活动，比如人民广场地铁站蜂拥而入的人群，交通高峰期中环线上的拥堵。因此，中国各城市的市政当局比任何工业化国家都具有战略优势：拥有无与伦比的数据宝库。

*****

上海的傍晚。在黄浦江南岸的陆家嘴地区，游客们相互拍照，有的以江水为背景，有的则以附近一栋栋摩天大楼为背景。上海中心大厦建筑外观呈螺旋式上升，它是世界上第二高的建筑物。这栋直入云霄的大楼却仅比其他大厦稍高一些。几个街区外便是标志性的东方明珠广播电视塔。它腹部圆，头部小，矗立在倾斜的长腿上，像一只巨大的昆虫。直到2007年，它仍是中国最高的建筑。然而现在，它在中国高度前十的大楼中几乎排不上名。

在陆家嘴共享夜色的人，不论是沿江漫步的，还是从东方明珠广播电视塔地铁站出来的，都构成一个巨大的行为数据库。科学家可以研究人们的生活，而问题在于，要如何利用这些知识来重新规划这座庞大城市的交通？

首先，来看看科学家可以观测到的数据。成千上万个监控摄像机像黑鸟一样栖息在路灯上、固定在树上、安装在墙壁上，记录着川流不息的交通。在中国，有很多这样的闭路电视摄像机在工作，上海也不例外。监控本身并不罕见。为了打击犯罪和恐怖主义，世界上许多城市都采用电子眼来观察大街小巷和商店里的一举一动。

傍晚，陆家嘴灯红酒绿，河滨步行街上的星巴克人满为患，路边的咖啡馆里几乎每个人都在玩手机。沉迷于手机的现象并非中国独有。但是中国网民对手机表现得比较狂热，他们的注意力大部分都集中在社交软件微信上。微信是由腾讯（中国的三大互联网巨头之一，另外两个是搜索引擎百度和电子商务巨头阿里巴巴）运营的。在中国经济发达的城市地区，几乎每个人都使用微信，无论是发消息、上网，还是在街头小贩那里买杂货或饺子。（在上海，似乎只有外国人和外地来的乡下人才使用纸币。）

仅凭微信就可以追踪一个人的去向、与每个朋友的聊天内容、所购买的东西、所吃的食物、上下班途中在地铁上低头打《王者荣耀》（腾讯最受欢迎的一款手游）花费的时间。众所周知，包括迪拜在内的其他国家也收集了大量行为数据。

这就像美国的脸书、谷歌、亚马逊和一些手机公司。这些公司不论是自愿也好，还是被逼无奈也罢，都会向政府提供它们的数据。西方主张保护隐私的人士也许会说，这些都是实实在在发生的。在西方，政府仍然必须在政治斗争和法庭上为获取数据而战。例如，2013年爱德华·斯诺登曝光的案例引发了激烈讨论。西方国家努力在社会安全需求与个人隐私权之间取得平衡。数据犹如石油和外汇储备一般，被视为战略资产。中国政府将其用于对普遍福祉有利的方面。

第九章 上海：黄浦江上的培养皿

因此，在重塑城市交通时，上海有庞大的资产可以利用——丰富的数据集，一群人工智能科学家致力于从数据中获得新见解。当洛杉矶市市长埃里克·加塞蒂以及其他市的市长在寻求交通经费，与充满情绪的社区组织吵得不可开交，为法制发展扫清道路的时候，他们总是渴望同时获得权力和效率。

中国于2017年发布的《上海市城市总体规划（2017—2035年）》写道，"上海是我国的直辖市之一"，上海"将建设成为卓越的全球城市、具有世界影响力的社会主义现代化国际大都市"。

正是西方国家的自由和充满活力的市场催生了汽车、计算机的技术创新。亨利·福特和比尔·盖茨等企业家并未遵循政府的发展计划。他们扰乱了规划。

在西方国家，尤其是在美国，发展规划人员大都受到过奚落。规划人员规划未来，但是城市建设要靠建造者，建造者追求的是盈利而非计划。金融因素往往能够改变计划，甚至能终止计划。历史表明，我们应该严肃对待发展规划一事。

上海城市规划展示馆位于人民广场的一角，而大多数城市的城市规划展览馆都会建造在地价便宜的地方。上海城市规划展示馆是一座巨大的玻璃立方体，白色屋顶映射下来的光影就如一架直升机，是上海地位的象征。展示馆正对着上海博物馆，紧邻市政府（展示馆也由那里值守的警卫兵护卫）。展示馆顶楼的大部分面积都用于建造现代上海城市的比例模型，规模极其壮观。参观者可以顺着楼外的楼梯通道爬上顶楼，鸟瞰整个模型，模型里的高楼大厦闪烁着微光。

很少有游客走进模型旁边的小角落，那里有一台电视会循环播放一段10分钟的黑白视频。这是一部1984年的纪录片，展示了上海的总体规划。这一规划是由上海市城市规划设计研究院制定的，于1986年由中国政府批准。2017年制定的总体规划内容与其大致相同，目标都是使这座城市成为"社会主义现代化国际大都市"。

纪录片开头鲜明地刻画了1984年上海的"病症"：城市拥挤不堪，市区遍布小商店和制造厂。狭窄的街道上，人们总是挤得水泄不通。人们出行的方式也各不相同，有的步行，有的骑车，还有的则是挤公交。整个城市都是乱糟糟的景象。（而自相矛盾的是，如果你看了本书就会发现，1984年的上海如果按照那个模式发展，它将巧妙地避开汽车单一文化。）

当然，20世纪80年代中期的上海人对汽车再熟悉不过了。在20世纪20年代和30年代，当列强仍占领着上海租界，霸占特许经营权时，上海人依然进口了福特A型汽车、雪铁龙汽车和宾利汽车。新中国成立后，有一段时间普通人民群众买不起汽车。大多数人走路、骑自行车或乘坐公共交通工具。当然，人挤人的公共汽车看起来的确没那么舒适。但是再增加几百辆公共汽车就可以解决这一问题……

然而，到1984年，上海的规划人员发现，上海交通问题很大。根据影像资料,工厂和服装店在上海古城区围成了一个个圈,随着时间的推移,这些圈越来越大,形成了一个个同心圆。最终,市中心变得拥挤不堪,在此生活的人摩肩接踵,连行动都变得困难。整个城市都遍布纪录片里描述的"破旧工厂"。成千上万户家庭只需一台缝纫机和一张桌子,就可以在房子里做着小本的服装生意,每家都需要运送原材料和成衣,这加剧了拥堵。

纪录片的下一个镜头切换到了繁忙的旧机场。机场非常狭窄,人们只得在外面排起长队。有些人还把手提箱从窗户扔进航站楼里。这看起来像是发展中国家的一座设施严重不足的机场,而事实也的确如此。

这部纪录片的叙述者说,当务之急是面向未来,扩大上海的城市范围。上海要向外急速扩张,形成16个不同的地区,每个地区都有自己的绿地和商业区。为此,规划人员号召建造一条新的地铁,并在2000年之前开通主要线路。最重大的改变是,计划打造全新的汽车经济,让上海数百万的行人、骑自行车和乘公共汽车的通勤者都开上汽车。一条条新的城市高速公路将连通新上海的偏远地区(在纪录片中,这些公路被称为"干道")。

70年前,汽车时代即将来临之际,纽约的一位传奇人物——政治掮客罗伯特·摩西也采取了类似的策略。他打算拆除拥挤的贫民窟和廉租公寓,然后修建宽阔的新公路和桥梁,将一个拥挤的城市改造成一个辽阔的大都市。人们可以通过高速公路前往森林和海滩,新的郊区将在这些地方扎根。

摩西的这一愿景在世界各地的城市传开了。但是到了20世纪80年代,这一愿景的弊端变得十分突出。洛杉矶和墨西哥城的烟雾非常呛人,纽约的通勤者穿过罗伯特·摩西建造的桥梁进入曼哈顿后找个停车位都费劲。然而,即便在城市发展的后期,上海规划人员的工作仍未停止。他们认为,汽车对上海未来的制造业和交通发展至关重要。

这一策略是好是坏并没有那么重要。正如我们所料到的,重要的是规划人员是否将计划付诸行动。如今,上海这座辽阔的大城市,正是他们规划中的样子。这里有了新的片区,每个片区都有操场、购物街,而这些片区由拥有10车道的主干道连接在一起。上海已经"毕业"了(这算是一个不错的比喻),因为它已发展成熟,成了汽车之城。

在那部纪录片中,修建地铁还只是一项提议,而现在上海的地铁已经发展成世界上最庞大的地铁系统,总长度达397英里,每一两分钟就有一趟地铁。[3] 曾经破旧的机场,就是旅客会把行李箱从窗户扔进航站楼的机场,也已经成为遥远的记忆。现在上海拥有两个先进的巨型机场,它们让纽约肯尼迪国际机场和奥黑尔国际机场看起来就像省级机场。

中国做得很成功,而其他国家许多类似的规划却失败了:要么没有资金,要么没有动工,要么陷入法律泥潭,或者是被搁置了。比如,1970年,洛杉矶时任市长萨姆·约蒂为该市未来的发展制订了宏伟的计划。[4] 这一计划提出要在市区屋顶上建

第九章　上海：黄浦江上的培养皿

造花园和公园，规划图看起来像是为火星殖民地绘制的一张草图。该计划设想行人可以在车道上方的人行道漫步，除了高速路外，还有四通八达的铁路系统。然而，这一计划中的大多数愿景都没有成为现实，城市一直保留着计划前的样子。

相比之下，上海正在发生转变。上海的规划由规划委员会制定，经过政府审批。规划总是一个接一个，像四季变化一样，永不停歇。因此，当我们展望上海和中国其他特大城市的出行新阶段时，我们为何要去质疑这些城市能否重拾辉煌？

*****

随着网络智能在现实世界不断得到运用，从汽车、自行车到交通信号灯，乃至整个城市，像华为这样的巨头在未来发展中都起着至关重要的作用。

5G 是实现这一过渡的门户。5G 网络传输信息的速度比 4G 要快 100 倍。5G 不只用于智能手机，它还会将一台台机器相互连接，大部分机器会靠各种各样的传感器运作。

如果你像营销人员和顾问那样，将这些网络比作生物系统，那么电子传感器就如同手指、鼻子、耳朵和眼睛。它们会记录喇叭声，拍摄路边并排停放的卡车，嗅到电气火灾的气味，以及记录任何机器可以计数和测量的东西。这些信息都要通过 5G 网络传播，而 5G 网络就相当于网络的神经系统。信息的主要目的地是调度中心,这里管理着所有传入的信息。用计算机科学的话来说,控制中心就是维持一座城市运转的操作系统。在人体内,它就如同大脑。

这是城市的数字生物学,其组成部分——感觉器官、神经和大脑——代表着庞大的全球市场。未来的交通运输平台将协调我们身体和周围物体的运动关系。同时,输入的数据洪流中也会包括大量我们的购物习惯和交友圈的数据。毕竟,如果没有这些已知的数据,交通网络就无法独立运行。相反,数据会凌驾于网络之上,甚至充斥其中。

假设,上海的一名大学生正骑着自行车在江北的外滩区穿行。他是这个城市使用共享单车大军中的一员(这些共享单车很多都被扔在杂草堆中或弃于小巷里)。根据这名大学生之前的骑行轨迹,调度中心可以预测他是去好朋友的家里还是去找女朋友。骑行系统可能会建议他在途中去便利店买最喜欢喝的啤酒,顺便再给他一张电子优惠券。

每一天,这些网络都在以自己的方式慢慢深入我们的生活。毫无疑问,我们中的多数人会反对侵犯隐私、监视和控制我们的行为。尤其是在早前,有些导航软件真的很差劲,就比如谷歌地图把人们导航到错误的目的地,或者干脆引导驾驶员直接栽进河里。不过,现在的移动网络正变得越来越智能,特别是在像上海这样拥有丰富数据的城市。许多用户都能感受到数据智能化的便利,它们甚至已经成为人们生活中不可或缺的一部分，就像今天的智能手机给人们所带来的方便一样。我想应该没有谁会拒绝这样的便利。

世界知名科技公司都争相为城市提供这些新的数字化身体器官。来自 IBM、惠普、西门子、三星以及其他几十家公司的销售代表，每天都在迪拜、新加坡、温哥华、维也纳以及其他几十个出行热点城市寻找商机、开拓市场。

虽然中国企业在这场全球竞争中才刚起步，但已经具备了巨大优势，即中国国内有大量的城市需要布线。中国最大的 15 个城市的人口总数相加超过 2.6 亿。无论是东部沿海大城市上海，还是西南地区的四川省成都市，每一个城市都可谓交通网络的实验室。

因此，其中还有许多全新的城市，例如北京南部的雄安新区。这些城市配备了充电站、自行车道、自动驾驶汽车专用车道和监控摄像头，以此获取出行数据。

中国正在为这一发展提供充足的资金，致力于将像华为这样的公司打造成全球领军企业。截至 2019 年，华为已经与 64 个国家签订 5G 网络合同。[5] 中国其他科技公司，包括互联网行业的领军企业，将会采取进一步措施，以处理世界各地不同城市的出行数据，并对导航系统进行优化。

让我们试想一下有关未来科技竞赛的战略赌注：致力于交通运营指挥中心的公司，将对交通信号、自动驾驶车队、火车、救护车、飞机、警察部署、行人流动、追捕犯罪嫌疑人等活动进行管理。这些公司监控着城市里任何移动的东西，控制着大部分活动。考虑到世界人口越来越多地向城市地区迁移，这些科技公司将会掌控大部分人类的生活。

如果未来几年贸易摩擦愈演愈烈，各国就会发现港口运行、产业供应链和市场等领域到处都是竞争对手，更不必说交通了。如果你把这个问题上升到反乌托邦层面（风险分析师当然会这么做），此时，你可以设想一下，一家竞争对手公司调整自己的人工智能算法，扰乱他国的出行网络，造成交通堵塞并给工业造成严重破坏。即使城市幸免于这种噩梦般的情况，战略问题也是相当重要的，因为其中牵涉到很多权力。

*****

20世纪80年代末，来自上海的年轻博士谢志峰开始在加州圣克拉拉的半导体巨擘英特尔工作。他曾参与X86芯片的设计，该芯片是个人计算时代的硅基础。

10年后，谢志峰回到上海，投身于国内芯片行业的研发。如果中国想在技术上实现巨大飞跃，最终赶超美国，那么就需要创建一两个像英特尔一样的本土企业。时过多年，数字经济仍然建立在硅的基础之上。

2012年，谢志峰已经50多岁了，他与合作伙伴创办了一家芯片制造公司，即上海矽睿科技有限公司。该公司致力于微电子机械系统的研发。顾名思义，微电子机械系统就是蚀刻并镶嵌在纳米级硅上的微型机器。

我们可以通过想象，把智能手机里的所有机械配件组装在一起来理解微电子机械系统在现代生活中所扮演的重要角色，如摄像头上装配了精密的光传感器、麦克风、运动传感器和陀螺仪……这个清单每年都在增多。所有这些小机械都嵌在微电子机械系统上，不仅缩小了装置的尺寸，还降低了价格。

谢志峰与合作伙伴在创建上海矽睿科技有限公司时，已经预感到出行技术领域即将发生的科技革命，他们还设想了这场革命会如何推动全球微型机械市场的改变。在未来几十年里，从人行道到无程序坞的自行车，几乎所有地方都会安装数以万亿计的传感器。自动驾驶汽车也会装满传感器。世界上绝大部分人口的实时活动都将被报告。微电子机械系统将无处不在。

在上海一个细雨蒙蒙的深秋之夜，谢志峰参加了我们讨论有关上海未来出行技术的圆桌会议。谢志峰留着平头，发色偏灰，他面带灿烂笑容走了进来。他说着一口流利的英语，言谈中带有美国人的轻快语调。他说自己所创建的公司在全球范围内规模仍然很小，远远落后于美国的德州仪器和惠普，以及欧洲的意法半导体和博世等行业领军企业，但该公司已准备好大展拳脚了，尤其是在上海。

在此次有关中国的报道之旅中，我们仍然在讨论应重点关注中国哪个城市。技术专家建议我们关注位于中国南端，即香港旁边的深圳。深圳从一个渔村发展成一个大都市，再到有着世界最大规模电动公共汽车的中国科技产业的中心，仅用了30年。腾讯总部就设在深圳。从深圳的发展我们便可以看到中国的未来。或者我们可以深入探索中国正在建设中的崭新区域，比如雄安新区。

谢志峰让我们关注上海。他说，在建的新区域和迪拜差不多，就像一张白纸。"那里所有的东西都是新的，连人都是新来的。"像上海这样拥有深厚工业基础的老牌城市更适合开展出行技术革命。上海的汽车产量比底特律多。它拥有一家大型国有汽车制造商——上汽集团，该集团与大众汽车和通用汽车成立了合资企业，上汽集团还生产了自主品牌。资金雄厚的初创企业蔚来将与特斯拉在豪华电动汽车市场竞争。一家合资企业已授权 Divergent 3D 打印技术，来打印新型汽车。上海是一个要变革的大地方，而革命从根本上说，就是从一件事转向另一件事，但不是从头开始。

上海历史悠久，饱经沧桑，它将带着这些迈入出行新时代。一个世纪以来，从鸦片战争到第二次世界大战结束，包括法英美在内的外国列强以"租界"的形式瓜分上海的大片土地。每个列强都有自己的交通系统。尽管近几十年来推土机一直在不停地工作，城市建筑的增长也令人眼花缭乱，但上海的公交路线和城市街道的布局仍受当时那些飞地的影响。

2018年，上海当局开辟了一小段仅5.8公里的道路，用于测试自动驾驶车辆和互联车辆。虽然这条道路面积不大，但上海正在加速开发 100 平方公里的智能交通网络区域，这一面积几乎等同于旧金山的面积。

指挥中心是互联城市的关键要素。汽车零部件制造商——上海淞泓智能汽车科技有限公司的副董事长于林说，上海最终建立的智能平台将把自行车、互联汽车、公共汽车、地铁甚至行人联系起来，管理城市的出行——他称之为"一站式智能出行服务"。

当我们走出圆桌会议会场，前往上海北部的新商业中心——五角场时，正好赶上了晚高峰的尾巴，我们基本看不到上海的所谓高效交通。早些时候，一辆接一辆的车子仍然阻塞着街道。空气中弥漫着汽油味。汽车遵守法律，不鸣喇叭。但它们的安静使成群结队的电动自行车发出的嘟嘟声格外刺耳。

向西驾驶两个小时后，到达阿里巴巴总部所在地杭州，网络出行技术的发展速度相当快。阿里巴巴这家电子商务企业以"城市大脑"为品牌，开发了一整套人工智能应用程序，可以管理杭州 950 万人口的活动。阿里巴巴称，该系统可以提前一个小时预测交通和行人流量，准确率高达 90%。这些数据的主要用途是为处理紧急事故的车辆（无论是救护车还是警车）开辟道路。通过观察该城市的现状，我们发现，现在处理紧急事故的车辆到达目的地的时间比以前缩短了一半。"城市大脑"还对交通信号进行调整，将普通交通的运行速度提升了 15%。

阿里巴巴的"城市大脑"能够在几秒钟内识别96%以上行人的脸。该系统可以在一分钟内快速浏览完16个小时的视频，寻找人脸、事故或犯罪行为。

赢取指挥中心合同的商业竞争，即脑力劳动，如同先前的竞争浪潮一般，很可能是计算阶段的终极竞争。从20世纪90年代开始，个人计算机时代的先驱是微软和英特尔。芯片是计算机的大脑，操作系统用于处理计算机所获取的数据。这些公司主导了整个计算机行业。

10年后，当智能手机加速发展时，竞争的重点再次回到操作机器的主体上，即由哪家公司来提供和操作这些智能系统。早些时候，人们所寄予厚望最多的企业是微软和诺基亚，这两家公司分别是软件和手机行业的王者。然而，最终占领市场的却是苹果和谷歌，这在很大程度上是因为它们意识到智能手机市场是一个全新的领域，而不是像Windows（视窗操作系统）软件还有诺基亚翻盖手机这类上一个时代产物的延伸。

那么，问题就在于中国能否培育出全球领先企业，并在信息时代的下一个阶段占据主导地位。华为和三家互联网巨头——百度、阿里巴巴与腾讯是中国国内实力最为强大的科技企业。它们都在人工智能的研发上投入巨资。2017年，仅华为就在人工智能上投入了100亿美元。投资规模相当于美国谷歌母公司Alphabet旗下的Waymo。

自由市场经济的残酷本质，让美国无线电公司、真力时和西屋电气这样的老牌巨头企业退出历史舞台,它们要么破产,要么被日益壮大的竞争对手逐渐蚕食吞并,而这些竞争对手通过这种手段又把自己变成了今天的产业龙头。美国当前大部分科技先驱多是在过去的 50 年里出现的,还有许多是 21 世纪才出现的。

这次的一个关键区别在于,出行革命发生在现实世界里,比如上海这样的城市。这是城市规划的领域,在中国就是"五年计划"。这些计划发挥了很好的作用。

第十章
无人机小队

2013年12月的一个晚上,数百万美国人在电视上看到一张熟悉的笑脸,这是亚马逊创始人兼董事长杰夫·贝索斯在哥伦比亚广播公司《60分钟》节目中接受查理·罗斯采访时所出现的一幕。贝索斯告诉罗斯,他为其准备了一个惊喜。贝索斯说:"让我给你看点东西。"然后带着罗斯和摄制组穿过一扇门。

　　门后的桌子上放着一架亚马逊黑色无人机。无人机有四个支架,机腹上挂着一个黄色的亚马逊送货箱。

　　罗斯把手举到脸上,惊讶地说:"哦……天哪!"

　　贝索斯紧接着介绍了这个所谓八旋翼无人机,说这样的无人机完全具备与货物运输车辆一样的功能。[1]他推测,该无人机可能会在未来四五年内投入使用。

　　通过无人机这一开场话题,贝索斯强调了亚马逊是一个大胆且极具开创性的公司品牌。这家电子商务巨头不仅要彻底改变全球零售业,还致力改变快递运输业——也就是说,改变我们这种文明运输自己货物的方式。

也许这一切都是真的，但时间已过去5年之久了，我们也没有看到嗡嗡作响的八旋翼无人机在屋前的走道上放下黄色快递箱子的画面。也许有一天会吧。但运输无人机正面临着一系列监管问题，更不用说空中的电线、对它抛掷石头的孩子，或许还有举着步枪的猎人对它们产生的威胁。对于亚马逊来说，这实际上还是一种尝试。也许有一天，八旋翼无人机的升级产品会为我们创造一个意想不到的市场。这也正是杰夫·贝索斯公司的运作方式。

然而，运送包裹的无人机和用于运送穿越迪拜或曼哈顿的上班族的电动垂直起降飞行器——无人机的"表亲"——存在着本质区别。毫无疑问，在下单咖啡壶或花园洒水器25分钟后就能收到商品，顾客会很开心，这样他就不用每周浪费几个小时来等待快递了。无人机送货速度快，但它们却无法运送时间这一宝贵的礼物。

如果我们从政策角度来看待这个问题，与其说城市面临的一个主要挑战是加快所有事物的流通速度，倒不如说是厘清这些事物的头绪。每个人都要消耗大量物品——杂货、衣服、燃料、办公用品、药品、啤酒、家具，以及许多其他商品。如果像无人机这样的技术能够先进到使我们可以更快、更便宜地运送物品，那么我们就可以毫无顾忌地使用这些服务，例如用无人机点一杯卡布奇诺咖啡或一双筷子。

第十章 无人机小队

这便是本性使然。当某物又多又便宜时，我们就会大肆挥霍。来说说短信，以前发送短信是要收费的，这看似离我们已经很遥远了。而如今，在大多数市场发短信都是免费且不限次数的，对许多人来说，发信息就像呼吸一样必不可少。你可以这样说，大量的信息扰乱了我们的思维，但至少它没有侵入现实世界。

相比之下，货物运输在极大程度上会干扰我们的现实空间，在拥挤的城市里更是如此。这是密集定居点少有的低效之一。在本书中，我们看到了像洛杉矶和赫尔辛基这样的城市是如何迫切地开发荒地和增加人口密度的。将更多人集中在一个狭小区域范围内，可以增强流动性并节省各种资源的耗费。但是在拥挤的街道上，笨重的运货卡车和并排停放的厢式货车把道路交通搞得一团糟。

物品运输所面临的挑战与神奇新机器的制造无关，而是与设计更为智能的流程有关。关键在于小车多载，即用体积更小的车辆运载更多的货物，以达到最大吨位和最高效率。正如我们将在印度尼西亚看到的，许多运输车队已经做到了这一点。

*****

在世界各大城市，无论是拉各斯还是孟买，享有特权的少数人乘坐由司机驾驶的公司专车穿越城市，有些专车还是豪华轿车。交通状况仍然混乱不堪，但至少有钱人在别人替其开车时可以将这些问题抛之脑后。雅加达的情况也是如此。2010年，纳迪姆·马卡里姆跻身精英之列。他毕业于布朗大学，事业可谓蒸蒸日上，25岁时就职于麦肯锡。当然，他配有一辆专车和一个司机。

然而，由于雅加达的交通拥堵不堪，马卡里姆几乎从没使用过这辆专车。当时世界银行的一项研究预测，如果经济只增不减，到2016年，城市就会出现"彻底的交通僵局"。[2]在马卡里姆看来，僵局已经出现了。他可以在装有空调的公司专车里舒舒服服地待上几个小时，也可以冒险在闷热的雅加达街头活动，但要做到这一点，唯一的方法是乘坐随处可见的摩的。它们可以在拥堵的车流中随意穿梭，到达目的地所用时间比汽车更短。

正如马卡里姆后来所述，他用企业家的眼光研究了这些摩的司机。[3]在一个拥堵不堪的城市里，他们可以提供灵活的交通服务。这很值钱。那么，这些"两轮出租车"怎么才能提供更多服务呢？马卡里姆开始和这群摩的司机混在一起，喝茶、抽烟、交谈。虽然摩的司机可以在雅加达道路上随意穿梭，但也深受效率低下的困扰。摩的不受有关当局的管制，这是其优势所在。每个人都可以从事摩的工作，无须申请许可证或购买驾驶执照章（作为计程车执照象征的徽章）。但缺乏规章制度的管理也是一个缺点。这项服务存在风险。大多数女乘客都不会乘坐摩的，这就限制了其市场。

第十章　无人机小队

更严重的问题是信息不对称。司机们从来不知道下一位乘客什么时候来，又将到哪里去。所以他们不停地从一个地方骑到另一个地方来寻找乘客，耗费了太多时间来等待。他们中许多人每天要工作14个小时才能勉强度日。事实上，也正是由于这种低效率，他们才有时间和这个在美国接受教育的投资顾问喝茶闲聊。

在马卡里姆看来，每一分钟空闲都蕴含着无尽可能。这些司机在一天中可以有更多时间来赚钱，关键是要让他们获得机会，即一份统一调动的工作。他们必须能够了解乘客的信息。

2010年，马卡里姆推出了Go-Jek出行服务软件。该软件最初是一个将乘客与20名司机连接起来的小型呼叫中心。在生意逐渐好转后，马卡里姆回到了美国，在哈佛大学获得工商管理硕士学位。正是在那个时候，全球拼车业务开始兴起。"优步"也变成了一个动词。

马卡里姆回到雅加达时，风险投资者迫不及待地为Go-Jek提供资金，以帮助其发展壮大。2014年，第一笔资金注入公司。

马卡里姆及其团队不断发展壮大，很快就关闭了呼叫中心，并将业务转向了像优步这类智能手机应用程序的研发上。随后，公司业务暴涨。在接下来的几年里，随着公司资金不断增加，不断有新司机加入，最初只有几百人，随后增加到数千人。马卡里姆正在建立一个完善成熟的交通生态系统。

他打算不断扩大业务，显然这种做法是明智的。他手下有一大群司机，而且团队人数还在不断增加，数百万部手机上安装了其应用，都可以进行计费。包括谷歌和腾讯在内的投资者纷纷寻求与其合作。有了出行工具和需求、付费客户和迫切的风险投资这些资产，他还能销售什么其他服务呢？

这种服务当然有成千上万种。Go-Jek 的业务范围扩展到银行和各种上门服务，包括按摩、厕所清洁和美甲。但是最具竞争力和效益的机会之一是货物运输，也是我们在这一章中讨论马卡里姆的原因。到 2020 年，当前价值数十亿美元的 Go-Jek，正在经营着世界上规模最大的食品运输服务。Go-Jek 的包裹递送服务 Go-Box 正在成长为一支主要力量，将在该领域占据一席之地〔在亚洲其他市场将面临重大考验，因为它将面临来自新加坡的竞争对手 Grab（打车租车服务供应商）的挑战〕。

马卡里姆不仅仅提供出行服务。与亚马逊的杰夫·贝索斯类似，他正忙着打造以软件为基础的物流巨头，而该软件是由机器学习推动的。[4] 它可以每秒处理 35 个订单，并且拥有 100 多万名司机。对于每份订单，系统会自动选择司机和路线，无论运送的是乘客、包裹还是柠檬草汤，系统都会计算出最佳组合。系统不仅考虑速度和利润，还考虑司机的满意度。它会根据需求不断调整价格，并告知司机们哪里可以赚更多的钱。Go-Jek 的数据科学家威廉·皮纳尔在谷歌研讨会上解释说："如果没有动态定价，市场效率就会变低。"

物流的核心是资源分配。但由于 Go-Jek 的资源涉及人，所以这仍需要我们深入研究。该系统每天花费一小时进行不同方法的测试，以刺激司机和乘客，让每个人都能保持忙碌和高效状态。不管是优化点击量、页面浏览量，还是吸引观众评论一部电影，谷歌、亚马逊和 Netflix 等公司都进行了类似的分析。当今规模最大的人类行为实验室依靠这样的数据网络运行。

从城市角度来看，像 Go-Jek 这样的高效网络极大缓解了人们的出行痛苦。情绪沮丧的用户可以通过该软件得到有效服务。这并没什么错，但仍存在着一个极其严重的问题：公司往往对宝贵的移动数据保密。对公司而言，这就是它们最有价值的资产，使它们获得了打败规模较小对手的竞争优势。有时它们也会分享一小部分宝贵数据，但并非出于自愿。洛杉矶交通部总经理塞莱塔·雷诺兹向优步和来福车等拼车公司抱怨了同样的问题。"我们应该自我反思，为什么这些公司不愿向我们提供数据。"她说，"它们在我们的基础设施上开展业务，但我们却没有得到任何回报。"

*****

数据对于运输至关重要。下一代城市运输的模式，即工业供应链，是建立在丰富的信息流之上的。像丰田这样的供应链大师，利用这些信息流对成千上万的供应商进行编排整理，让其发送钢材、刹车片、油漆桶、侧视镜等配件。其中一些产品通过集装箱船从美国或中国运来，而另外一些产品则从欧洲空运过来。理想情况下，每个组件都能按时到达，因为盘点存货是需要花钱的。供应链软件管理这些流程时，会不断探索效率低下的问题，并对时间表、路线或吨数进行调整，以减少这些问题的出现。这便是其核心任务。

如此神奇的物流运作，得益于每个制造商在其庞大网络中与其他公司进行相关数据的交易。它们提供了充分的技术和法律保证，以建立彼此间的信任，并汇集相关信息。

这正是城市所需要的——诸如区块链这样的分布式账本共享技术，为其提供了一个强有力的工具。区块链于2008年出现，它将成为主要加密货币比特币的安全分类账。正如其名称所述，该系统的特点是数字区块链，每个区块的交易数据都带有时间戳。最重要的是，每个区块拥有两个相邻区块的加密身份。这一模式可以防止数据被篡改，因为侵入者不能在未获得其他区块授权的情况下，在其中一个区块中更改数据。

区块链可以使人们对其产生信任。区块链可以共享数据而不会泄露使用者的身份或银行账号等秘密，因此存在无限可能。例如，在农业领域，无论是在墨西哥的瓦哈卡，还是在加州的吉尔罗伊，区块链可以记录一个鳄梨或一头大蒜从采摘之时起的整个路径，直到它在西夫韦超市收银台前被结账售出。这种问责制对于快速锁定大肠杆菌、沙门氏菌的来源，或恐怖分子的篡改很有帮助。

这也是交通运输的基础。互联车辆可以交换信息,比如它们曾经到过哪里,将要去往哪里。像在新加坡这样采用集中系统的国家,当局将能够协调货物运输,引导每一次运送沿着最高效的路线和时间表运行。随着机器取代了人工驾驶,这一功能将更加强大。确实,交通优化的最大障碍是任性妄为、不遵守交通规则的人(我们往往把机器的指令当作耳旁风)。

许多人认为,不需要中央机构,光使用区块链就可以提高网络效率。车辆之间的通信能力将越来越强。移动开放区块链倡议(Mobility Open Blockchain Initiative)的首席执行官克里斯·巴林杰说:"理想情况下,每个人都能畅通无阻,它对所有人开放。"

物流工程师描述机器人的未来效率时,往往会变得非常兴奋。在其描述中,我们可以看到车辆像鱼群一样移动,在十字路口无缝会合。在这些愿景中,交通信号灯将逐渐退出舞台。未来的通信将会扩大交通基础设施的容量,却不需要多铺一块水泥地。位于弗吉尼亚州的非营利性研究机构 Noblis 的主管卡尔·文德利希说,整洁畅通的网络交通基础设施将使我们的道路容量扩增 3 倍。

正如移动技术专家指出的那样,现实世界中的这种移动网络类似于信息网络中快速传输的数字数据包。在数字领域,所有发送出去的东西,无论是电子邮件、超级碗的视频,还是色情内容,都被分解成数十亿个小数据包,这些小数据包可以迅速通过系统，然后被重新编排。从网络角度来看，这些"1"和"0"都可以归结为一类事物：内容。该系统的设计目的是字节内容的快速移动。

类似情况也可能发生在出行技术领域。例如，中国的阿里巴巴正在雄安新区建设一个人工智能系统，以管理区域内的交通。对于运输来说，其理念是容量共享，即每个公司的包裹与其他公司的包裹混合在一起，就像互联网数据包一样。小型电动汽车搭载包裹从配送中心出来，每辆车装载的包裹都接近最大容量。这些包裹可能会被运到我们意想不到的地方。例如，在晚上，当地铁关闭时，这些小型电动车能否用于跨城运输？包裹运输的最大挑战就是，把东西送到收货人的家门口，也就是所谓"最后一英里"。在这里，人类是等式的一部分。毕竟，我们的大脑能够对激励做出反应。同时我们也四肢健全，我们中的大多数人都可以搬运东西。毫无疑问，我们自己的肌肉是能发挥作用的。

让我们假设一下阿里巴巴的配送网络，计算出把货物放在距离雄安新区私人五层公寓四个街区外的安全仓库内可以节省多少时间和精力，以及应该给予多少激励，让人们愿意走到这个仓库。首先，阿里巴巴可能会建立一个统一的费率。在几百万次货物交付之后，它应该对每个人愿意步行和搬运货物的距离以及为此支付的费用有更为清晰的认识。

第十章 无人机小队

*****

2016 年 11 月的一个晚上,芬兰第二大城市坦佩雷的 67 名市议会议员聚集在一起讨论有关出行技术的项目——新型有轨电车。一个多世纪以来,坦佩雷对这个项目一直争论不休、众说纷纭。第一个提议出现在 1907 年,许多坦佩雷人都期望看到有轨电车能在 10 年内运行,但是第一次世界大战爆发了,有轨电车建设也因此推迟。在整个 20 世纪中,历史不断向前发展,一个又一个有轨电车项目被搁置。到了 2016 年,有轨电车建设似乎已准备就绪。唯一的问题就是让市议会通过。几位芬兰电影制片人在一个晚上录制了这一夜的辩论,并把它改编成一部时长为 9 分钟的迷你纪录片《轮流发言》(*Puheenvuoro*)。[5] 随着剧情展开,一名情绪沮丧的女主席手握木槌,恳求各位议员尽量精简自己的发言。这是第二次马拉松式的会议,已经持续 5 个小时了。"我不断对参会者强调,不应该只是为了有趣而发言。"

然而,议员们仍要求继续发言,并提出有关有轨电车的问题。一名妇女一脸担忧地说:"火车会被困在雪堆里无法前进,那么穷人只能下车在雪中四处游走。"

另一名议员指出:"有轨电车造成的伤害一直比公共汽车带来的伤害严重。"

一位留着白胡子的俄罗斯族老人正与记者讨论与新闻有关的问题。当主持人打断并提醒他这是一场关于有轨电车的讨论时，他激动地回答："是的，我知道是有轨电车！"之后，有人看到他朝主桌走去，他的一个同事正催着他赶紧回到座位上去。

一位女士说："连西伯利亚鼯鼠都感谢我们没有建造有轨电车。"

最终，在电影摄制组关掉摄像机一段时间后，坦佩雷的官员们终于得到了市议会的批准，电车轨道线路建设工程于2017年展开。

坦佩雷市议会的行为是民主阻碍和延误发展的一个极端例子。但是，试想一下，如果杰夫·贝索斯要求坦佩雷或其他任何地方的选举机构批准其八旋翼无人机进行亚马逊优质配送服务，情况会怎样？这些政府官员会提出一大堆从噪声到天上坠落物的合理问题。毫无疑问，飞行安全问题远比西伯利亚鼯鼠的生存安宁问题迫切。

那么，未来无人机在物资运输方面能够发挥什么作用呢？在大多数城市里，要建立一个商业模式并获得监管当局的批准可谓长路漫漫。消费者要求在几分钟内收货的需求并不迫切，许多民选的官员将会乐于斥责像亚马逊这样的大公司，并阻止其接管天空。

但是在某些情况下，八旋翼无人机或许能拯救生命。大家可以想象一下，一架飞机飞过一个交通拥堵的城市，飞机运送的不是咖啡过滤器或氨纶紧身衣，而是刚刚摘取下来的人体器官，要将它运送给医院的移植团队。马里兰大学巴尔的摩分校的科学家们一直在测试将可移植的肾脏放置在无人机上飞行3英里的系统。毫无疑问，在批准这类运输时，立法者和监管者不会产生太多分歧。

无人机在卢旺达和加纳树木茂盛的山丘上执行类似任务。加利福尼亚的Zipline（无人机送货创业公司）在这两个非洲国家经营无人机业务，为当地运输新鲜健康的医用血液。无论是妇女在分娩后大出血还是孩子患上疟疾，当收到来自农村诊所的短信时，卫生工作者就会把一袋袋血液装载到固定翼无人机上。无人机从弹射发射器起飞，以每小时60英里的速度飞到诊所，其效率远远高于在狭窄山路上不停颠簸的卡车。到达目的地后，Zipline的无人机在目的地区域上空短暂盘旋，放下一袋装血液，再返回原地。该公司称，无人机的往返航程为90英里，可以造福1 100万农村人口。

对于监管者来说，有些决策容易做，而有些决议会很难通过。用无人机执行医疗紧急任务可以获得批准，那要是用无人机送一盒可可泡芙呢？那可能就不会得到批准了。但其中仍存在一个巨大的中间地带，即送货无人机可以提供有帮助但非紧急的服务。随着这些自动飞行器激增，相关争论肯定会越来越多。争论的问题不是无人机是否会投入使用，而是我们允许它们执行哪些任务。

结　语
时间、路程、金钱

现在是曼哈顿中城洛克菲勒中心的晚高峰时间。第六大道上人来人往，有几个人时而低头盯着手机屏幕，时而焦急地四处张望。他们约了网约车，但身后的办公大楼却挡住了整个街区，因此很难告诉司机自己确切的位置。此时，司机能够找到地点的诀窍在于，让乘客在其周围找到一个小地标，地标要足够显眼，让司机容易发现。这个地标也许就是第49街转角附近售卖墨西哥卷饼的卡车……

对我们来说，在地球上确定一个特定地点并告诉他人位置所在，可谓困难重重。这是因为我们今天所使用的原始路线图是为满足邮递员工作的具体需求而设计的。每个国家的主要通信系统，即原始国家网络，专为邮件寄送而生。即使在需要骑马出行的时期，庞大的邮差队伍也需要每周六天在全国的每条街道和小路上派发邮件。他们需要知道道路和街道的名称，以及每栋建筑（和邮箱）的编码。这是邮局的强制性要求。在这个计划中，所有未设邮箱的偏远地区，如草原或海滩，似乎就不怎么重要了。就邮件系统而言，如果某个地方无法收到邮件，那么在地图上就找不到这个地方。

在地图上没有标记的区域，我们通常依赖手势和面部特征寻找彼此，这种方法已经延续了几千年。司机在人行道上的人群中搜寻面容焦急的乘客，也许她会举起一只手臂挥舞着，但一辆自动驾驶汽车能从无线电城音乐厅看到第六大道上疯狂挥手的乘客吗？你又该怎么和无人机描述你所在的位置，让它来接你呢？

克里斯·谢尔德里克就碰上了这个难题。10年前，他在伦敦从事音乐工作，那时他就发现要告诉快递公司投送鼓和音箱的位置实在太难了。他知道，如果使用电脑肯定就不会产生这类问题。电脑具备地理测绘功能，可以通过坐标定位地球上的任何位置。例如，威尔顿音乐厅是怀特教堂附近有着175年历史的主要建筑，位于北纬51.5107°，西经0.0669°。你可以试着给一个迷幻摇滚鼓手这样的数字，看看他能否找到演出地点。

谢尔德里克设想了一种交流地点的新方式，无论是一棵很喜欢的橡树、一件埋藏的宝藏、一个鳟鱼垂钓天堂，还是曼哈顿中城的拼车地点。他创办了一家公司，为地球上的每一个地点创建地址。

而谢尔德里克所面临的挑战在于，将全球定位系统的数字精度与人类思维的健忘特性联系到一起。他认为语言是联系两者之间的桥梁。他与合伙人在世界地图上对精细的网格进行叠加。这一叠加的网格将地球表面分成 500 亿块，每块 3 平方米。然后，技术团队开始对电脑进行编程，给每一块起一个便于人们记住的名字。

为此，他们进行了相应的计算。我们大多数人的词汇量约为 3.5 万个单词。如果将这个数字立方，那么就接近 50 万亿。因此，只要通过一台电脑把 3 个词进行合成，你就能得到 50 万亿个词语。随后，这些词语可以给地球上每个地点起不同的名字，每个区域都会用几十种语言进行命名。这些标签很容易被人类记住并相互交流。最重要的是，我们可以通过它来告知机器我们所处的位置。谢尔德里克将公司命名为"哪三个词"（what3words）。

公司下一步计划将新的地图服务放在智能手机应用程序上。但只有在数百万人同意试用并下载这个应用程序的情况下，地图服务才能发挥作用。否则，它就会像只有在几家商店才能使用的支付应用程序一样毫无用处。

从凯文·辛格在洛杉矶附近创办的 3D 打印初创企业，到福特这样的百年老企业，克里斯·谢尔德里克的地图绘制公司能否脱颖而出，甚至能否生存发展下去，我们不得而知。也许其他还尚未成名的公司会在未来吞并这个市场，也许谷歌就会。但可以确定的是，无论最终哪个企业拔得头筹，世界的地理状况都会通过计算机进行处理、标记和组织化，最终形成的组织结构会以某种形式传达给我们，帮助大脑避免错误。这很可能会改变我们对目的地的看法。

在整本书中，我们一直在讨论出行新技术，讨论这些技术将如何改变我们的城市、我们的经济和我们的生活方式。它们还可能从根本上改变我们头脑中有关时间和空间的观念。

设想一下，在你生命中的某一天，比如说星期六。醒来后你会面临两个关键变量。第一个是时间。如果现在是早上 8 点，你通常在大半夜才上床睡觉，那么你将有 16 个小时是醒着的，可以去任何地方进行相关活动。此时第二个变量就出现了：空间。你能去哪里？这在很大程度上取决于到达目的地所花费的时间和金钱。在 20 世纪，这类问题的答案并没有产生过多变化。但是，随着新型交通工具的出现，时间和空间的计算改变了。那些曾经遥不可及的地方，如今却近在眼前，人与人之间的关系也更为亲密。

我们曾见识过这种现象。1869 年，美国第一条横贯大陆的铁路竣工，穿越美洲大陆的时间从 4 个月大幅缩减至三天半。在随后的一个世纪里，航空技术的发展使整个世界似乎都缩小了。下一阶段的汽车技术会对缩小人类行动范围产生多大的影响，又将如何改变我们的思维和行为？这仍是一个未知数。

最简单的说法是，移动速度越快越省时。如果新航空服务价格合理，并且能在 15 分钟内将通勤者从新泽西州的莫里斯敦快速运送到纽约的华尔街，让她不必在 I-280 公路上忍受拥堵的交通以及荷兰隧道中令人厌烦的等待，那么她每周就能节省10个小时的通勤时间。这可谓时间的馈赠，使她能够有更多时间和家人共处，找到新的爱好，甚至新的工作。

这是基于新汽车技术不会改变她的出行计划，并且她会接受新技术带来的时间红利的假设。如果她把时间花在额外的里程上呢？

20世纪70年代，以色列交通工程师雅各布·扎哈维对城市交通模式进行了研究，并提出了一个常数值，即"出行时间测量"。[1] 各地的情况各不相同，但平均每天出行时间约一个小时。这是人们每天往返于某地所花费的时间。在耶路撒冷和威尼斯这种我们仍然可以参观的古老城市，人们可以步行穿过城镇，路程大约1.5英里，耗时在30分钟以内。这就是其移动范围的局限。

在有轨电车和后来的汽车出现后，人们的活动范围就变大了。从理论上讲，人们可以利用这种新的出行技术，以原来步行的一半或1/4的时间快速到达相同的地方。然而，大多数人倾向于游览更多的风景，所以走得更远。他们扩展了活动范围。

意大利核物理学家切萨雷·马尔凯蒂后来将扎哈维的出行时间测量与城市发展联系起来。1994年，在论文《出行行为的人类学不变量》中，马尔凯蒂对城市的轮廓进行了描述，向人们展示了随着新出行技术的普及，城市足迹会如何扩大。[2] 对于曾经在达拉斯或首尔远郊高速公路上开过车的司机来说，这算不得什么新鲜事。

那么，马尔凯蒂所收集的城市足迹在未来几十年将产生什么变化呢？如果我们能够从100英里外的小镇出发，以支付得起的价格乘坐飞的或超级高铁上下班，那么城市规模会扩大吗？

两个城市可以通过高效的交通技术联系在一起变得仿若同一个城市吗？马尔凯蒂认为，城市的边界取决于我们的活动范围。他预测，新技术将推动特大城市的出现和发展。

或者我们应该表述为"进一步增长"，因为这个过程已不是什么新鲜事了。布鲁克林和纽约原本是两个相邻的城市，随着1883年布鲁克林大桥建起才将二者连接为一体。尽管此后15年里，布鲁克林仍然是一个独立城市，却已成为纽约不可或缺的一部分，人们可以步行或乘坐马车通过这座桥轻松到达对岸。在此意义上，新的桥梁是出行工程的进步，成就了纽约这个大都市。

在马尔凯蒂看来，下一步将会出现规模更大的综合性大城市。纽约将拓展到费城和波士顿，甚至更远的城市。他推测，在中国东部，从北京到香港，可能会出现一个人口达10亿的特大城市。

但有一个问题，该过程可能放缓。高速网络可能会失去其活力，这样一来，原本刚好的日常行程开始慢下来。洛杉矶市市长埃里克·加塞蒂愉快地回忆起他高中时代驾驶自己的1975

年款福特都灵在路上冒险的经历,他说道:"20分钟你就可以开到任何地方!"然而现在他却抱怨道,同样的路程如今要花费一个小时。

这种慢速的根源现象被称为"杰文斯悖论"。杰文斯悖论是市场经济的核心支柱,该悖论指出,如果某个东西超级棒,无论是餐馆、海滩还是高速公路捷径,那么人们都会蜂拥而至,想要体验它。这种增长将一直持续下去,直到最后拥挤不堪,毁了人们的体验。当你发现自己排着长队等着进一家网红餐厅,或者像埃里克·加塞蒂那样,原本从西好莱坞到托潘加峡谷只要20分钟的车程却耗费了一个小时,你会感觉这一天整个人都不好了。杰文斯悖论通过增加人们体验痛苦不适的程度来遏制这类增长。

可悲的是,我们的城市设计以及我们的期望和生活方式,都是建立在古老和更高效的现状之上的。所以要减轻杰文斯悖论所产生的痛苦并非易事。数十亿人在90分钟的通勤和15分钟的超市排队中艰难挣扎。

过去40年左右的时间里,20世纪的汽车经济试图通过拓宽高速公路,修建桥梁和停车场来克服杰文斯悖论。这些做法在很大程度上是徒劳无用的,因为每一次修建都会吸引更多的司机,直到交通和停车场再次拥堵,使人们再度心生厌烦。如同几十年来,我们所有人都在被同一个愚蠢的把戏所迷惑。

▶ 出行革命

*****

现在我们有了一个百年一遇的机会来改变现状。我们从杰文斯悖论中所吸取到的教训是，当出行技术市场在没有约束的情况下运行时，只有过度拥挤才会遏制增长。那么，我们又应该如何促进这种健康高速的平衡，并最终维持杰文斯悖论呢？这里就需要政策的介入了。

城市官员经常被同样的现象所困扰。例如，他们可以对基础设施进行调整，在早晚高峰设立潮汐车道。但如果这种做法能加速通行，那么我们又将再次面对杰文斯悖论，即会有更多的车辆涌入，直到交通再次堵塞。

城市还可以采取措施减少开车出行，比如缩小停车场道路规模以增加自行车道。这看似可行，但从大多数司机的角度而言，这种做法无疑只是把痛苦从行程的一个部分转移到另一个部分罢了。这可能会让司机感到烦恼，在美国大多数城市，绝大部分人是驾车出行的。（实施这种措施，就好像认为他们的通勤还不够辛苦似的！）他们的不满很可能会引发其在政治上对其他出行举措的抵制，包括公共交通。

司机选民很难被取悦。目前来说，也许缓解交通堵塞最有效的办法就是财政，即提高开车的成本。这是收取拥堵费的目标，现在伦敦和斯德哥尔摩等城市已经在实施这一举措，很快纽约甚至洛杉矶也将推出类似的措施。这样做时，金钱便代替了时间，司机将为所节省的时间付费。伦敦的做法是，向进入市中心13平方英里范围内的非伦敦居民收取每天15美元的拥堵费。[3] 10年来，伦敦的交通流量减少了25%。骑自行车的人越来越多。

然而，收取拥堵费是一种僵硬的治理方式。司机似乎被当作畜群一样对待。这种严格的规则体系显然仍无力适应不断变化的世界，以及交通状况的起伏。就此而言，收取拥堵费就像一直以来让我们在无人的十字路口等待愚蠢的红绿灯。

交通拥堵条例的调整无疑道阻且长，就像伦敦皮卡迪利广场附近的交通再次拥堵。官员们不得不召开会议，询问专家，权衡公众和自行车俱乐部所提出的说辞。最后在抗议中他们可能会投票决定将每日的拥堵费提高1~2英镑。这可能需要几个月的时间！

理想情况下，网络会对变化进行实时响应，就像有机整体一样。优步就是一个早期的典型案例。通过（非常不受欢迎的）"峰时定价"，这家网约车公司在客流量大的时候大幅提高了费率。这与伦敦所实施的方案有异曲同工之妙，但相比之下更加灵活。两者的不同之处在于，伦敦的拥堵费是根据规则定价的，而优步则是根据数据定价的。只有在交通堵塞时，它才会收取时长费。

这类实时交通分析在城市内越来越普及，正如我们看到传感器和交通流自动响应已经传播开来。斯德哥尔摩、迪拜和杭州等城市所采用的智能交通信号是交通优化的前期步骤。但要实现交通的整体优化，我们还有很长的路要走。

要想了解数据驱动的未来，我们可以想象一下脸书客户管理的变化。该社交应用对用户的海量数据流进行处理。它能够知道用户在点击什么、在哪里度假、他们的朋友是谁、喜欢什么类型的音乐，进而大致判断客户的经济状况。有了这些信息，公司会自动为20亿用户优化服务，为每个用户提供他们最有可能点击的内容和广告。这些算法经过精心设计，旨在为每位客户获取最大的收益。

交通网络的目标是建立像脸书一样反应灵敏、实时性强的公共或私人系统。但这类城市系统不是采用数据流引导用户进行增加收益的点击的，而是试图引导每个出行者沿着最高效的路线前进。脸书可以通过无数爱宠视频或名人八卦来吸引客户，而交通模型则不同，它必须引导现实世界中移动的人和货物，相较于前者它更为复杂。

它还注重于更复杂的目标。脸书的算法是为获取盈利而生的。相比之下，城市交通网络必须同时兼顾众多优先事项，尽管其中部分是相互矛盾的。显然，城市交通网络追求的是效率，同时兼顾出行安全、公平、平等、空气质量、用户隐私以及其他目标。与此同时，它必须允许车队运营商和共享单车公司获得可观利润，或者至少能给它提供足够利润吸引其继续投资。

城市监管者的工作将渐渐集中到监控这些变量上。上述所有内容都将被编入运行网络的交通网络算法中。

一旦出行数据引擎到位，就会产生无限的可能性。城市可能会向司机收取驾驶小型车的费用，提高大流量用户的资费，就像手机公司对待大流量用户一样。城市也可能会向步行者、骑行者和拼车者发放代金券。小型车费率会按不同街道、不同时间实时浮动。在某些城市，富裕社区的客户会支付更高费用，这些费用反过来会补贴偏远落后地区的车队。对此不可避免会引发争论，其中大多数是关于算法和数据的。

实际上，许多亟待解决的问题就像是互联网经济中用过了的旧东西。城市管理人员面临的挑战是，将从网络世界中汲取的经验教训运用到实际当中。

围绕数据产生了三个关键问题：开放标准、算法审计和网络中立。

开放标准

大型互联网公司掌握了海量的消费者数据，这是它们最有价值的资产。然而，城市不能让出行公司将乘客数据占为己有。我们的目标不是要建立一个市场主导者，而是建立一个充满活力的生态系统。

为保护隐私而隐藏的相关信息，必须对所有人开放，包括公司的竞争对手，以便大家能建立互相依存的服务体系。数据共享生态系统的关键组成部分是分布式账本技术，如区块链。这使各方能够广泛共享数据，而不会失去数据的所有权或泄露自身的战略机密。

如我们所见，芬兰提出了一种卓有成效的共享模式。根据法律规定，无论是公共还是私人实体，只要在芬兰提供出行服务，就必须按照同一格式要求提供其数据。因此，就需要像桑波·希泰南这样的服务提供商来建立出行服务和订阅功能。

无论是数据服务还是电子设备充电服务，专有封闭的服务都削弱了出行网络的增长。

算法审计

我们在本章前面对类似于脸书的算法进行了阐释，这些对城市交通进行微观管理的算法，主要由机器学习程序提供相应支持，但这也产生了相应风险。由于此类程序是根据历史数据编写的，所以极有可能会保有先前的不足，甚至加剧交通系统存在的弊端。例如，假设城市决定建立一个自动驾驶车队来帮助老人和残疾人。若规划人员将高速公路和公共交通的历史数据输入电脑程序中，那么它就可以对活动模式进行详细描述，并绘制出新服务的运营区域。这听起来很有帮助，对每个人也很公平。

但有一个问题：在贫穷城区，多数人买不起汽车，只能靠到达时间不规律的公共汽车出行。这就是交通条件极差的荒凉地带所面临的问题。生活在那里的人们很难找到工作，没有条件上学，甚至连像样的超市都去不了，他们一般很少出门。所以从数据角度而言，这一地区似乎根本不存在。如果城市的新服务以历史数据为基础，那么它将忽视这类地区，加剧人与人之间的不平等。最需要帮助的人却被困在原地，沙漠也将变得更加贫瘠。

当数据处理软件程序对世界进行阐释时，我们将无法避免这些令人厌恶的反馈循环。《算法霸权：数学杀伤性武器的威胁与不公》的作者凯西·奥尼尔认为，数据科学家必须打开算法黑箱，进行公平的审计。[4] 这对于出行网络至关重要。

网络中立

过去几十年里，大型有线电视和电话网络斥巨资为数十亿用户提供带宽。当然，它们非常希望有人可以和它们分担投资，也愿意向财大气粗的客户出售优质服务，其中就包括 Netflix 和亚马逊这样的商业巨头。这在全球市场上引发了一场所谓网络中立之争。带宽是否应该成为一种公共产品？所有人都有平等的访问权限吗？互联网供应商是否应该让付低租金的客户使用网速极慢的网络通道，就像数字版的令人窒息的经济舱一样呢？

随着 5G 网络在汽车领域的推广，同样的问题也会产生。豪华汽车制造商能否为在其汽车和卡车中安装的高清视频，以及更为奢华（且无故障）的娱乐配件支付溢价？这可能是车辆的一个卖点。是否每个市场参与者都应该得到同样的服务？这将由监管机构和法院做出相应的裁决。

毫无疑问，网络中立将在现实世界，在时间和空间的市场中发挥作用。例如，如果一家空中出租车公司投资数十亿美元在圣保罗建设网络车站，接下来会发生什么呢？其他竞争者能否在相同站点上开展类似业务呢？市政府必须对此做出决定。在未来 10~20 年里，许多公司将成为垄断企业，这样第一家运营商就能收回投资。

这还存在着社会公平问题。如果运营商在圣保罗的富人区修建站点，提供通往圣保罗大道的便捷交通方式，但在该市南部和东部拥挤的贫民窟却没有修建车站，此时又会发生什么情况呢？

当然，每个人都应享有平等的出行权利。我们所到的每个城市都提到平等，这也是市长和交通工作人员侃侃而谈的话题。但城市对出行技术投资者所提出的每一项要求，都相当于变相税收。在此情况下，投资者自然会涌向税收较低的地方（术语上称其为"商业友好"）。随着出行革命的影响不断扩大，不同地区的市政府发现自己面临竞争压力。这与市政当局面临的困境类似，就像广受喜爱的运动队威胁着要去一个价值10亿美元的体育馆或有20年免税期的城市一样。

出行技术促使整个城市发挥自身的作用。当诸如苹果或亚马逊等公司在奥兰多或布拉格区域内推出一支自动驾驶车队时，它们会在汽车和基础设施上痛下血本，在街道和交通信号灯上配备各种传感器和摄像头。那么，亚马逊可以在这个网络上为其优质客户提供优先服务吗？优步可以向用户声明自己拥有路边房地产的所有权吗？

随着互联网经济在现实世界中的发展，此类问题将愈演愈烈。它们使城市和政府产生了极具争议的政治问题，并界定了人们的社区、活动范围和通勤——简言之，就是界定了人们的时间、空间和经济机遇。

对于这些问题，我们没有明确的答案和指导原则，只是遵循相关安排必须具有透明性和时间限制的要求。无论是在技术方面还是治理方面，出行技术的发展速度过快，任何一个城市都不可能达成长期交易。

*****

2000年，英国政府通过出售空气筹集了340亿美元。在这场号称史上成交价最高的拍卖中，电话公司对不列颠群岛的电磁波谱波段的出价高得离谱，同时，其利益也高得离谱。有了所谓 3G 网络，手机很快就演化为了互联网设备。市场赢家能够每个小时向数百万客户出售成千上万的信息服务。这堪比一场淘金热，投资者把所有资金投资在与无线网络有关的东西上。

当时，我们是派驻巴黎的记者，一起对电信行业的剧变进行报道。这场剧变极具戏剧性，并由此产生了各种各样的战略问题。未来的智能手机将使电话与消费电子产品和软件一体化。所以谁将是这个行业的领导者？会是诺基亚这样的欧洲电信巨头，还是亚洲的电子巨头，抑或是微软这样的美国软件巨头？（那时候的苹果公司还不够格。）

20 年后的出行技术革命与此惊人相似。我们再次见证了涉及众多产业的交融过程。结合了人工智能的软件，与这场革命中的所有新生事物融合。就像在最狂热的时期，致力于无线网络研发的企业一样，出行技术领域的初创企业也在风险投资中摸索着过河，其中众多企业立下豪言壮志，要尽早改变我们的生活乃至我们所居住的星球。

因此，当我们展望即将登场的新型飞机的奇迹时，比较我们最终能掌握的技术，我们会发现研究先前的繁荣意义非凡。

让我们先看看 1999 年秋季《商业周刊》封面故事中的这篇文章：

> 一个 15 岁的女孩在伦敦的伯克利广场漫步。突然，她的手机响了一声，她低头看了看屏幕。一条来自星巴克的

消息告诉她,她"好友名单"上的两个朋友正在附近散步。她想,要不要给他们发个短信,约他们在最近的星巴克喝杯咖啡?如果想要约他们,她只需在智能手机上点击"是"就可以发送相应的信息给朋友。她还会得到一张购买星冰乐时可以使用的 1 美元电子优惠券。[5]

在大多数情况下,除了我们以及这个行业中的大部分人,其他人都希望在接下来的一年里体验到无线技术的魅力。相反,我们则目睹了整个行业的大崩溃。

事实证明,建立移动计算机和提供数据的网络比预想中的要复杂得多。沮丧的早期用户在智能手机浏览器中搜索互联网地址,然后等待着足球比分或股票价格出现。在这些又小又模糊的屏幕上播放视频似乎就是个残忍的笑话。

到 2001 年,要形成运转良好的移动互联网市场并赚取财富,似乎还需要几年的时间。目前,我们还不清楚哪个企业会从这场竞争中获胜。投资者争相逃离。

我们可以从中学到什么呢?首先,不要相信时间表,无论是乘坐空中出租车还是超级高铁,延误是不可避免的。这些东西很复杂。投资者必定会感到疲倦。仅这一过程就会把很多人踢出局,可以说是一个坏消息。但当市场崩溃时,失败反而变成了福音。在 2002 年,电信业处于崩溃的低谷时期,怀疑论者列举出了一长串空头承诺。在电信业内人士中,伯克利广场的

15岁女孩就是一个典型。她代表着令人眼花缭乱的行业特征，以及容易上当受骗的记者。

然而5年后，也就是2007年1月的一天，苹果公司的首席执行官史蒂夫·乔布斯走上了旧金山莫斯康展览中心的演讲台，宣布移动互联网已经到来。排队买新iPhone的大多数人甚至没有意识到他们已经落后于该技术5年时间。在接下来的10年中，智能手机改变了人类的交流方式。如今，移动互联网在许多方面都比上一代推广者的技术强大百倍。

在科技繁荣时期，投资和技术这两条时间线很少同步发展。每一个繁荣都始于狂热的期望，推动投资并带来人才。但由于对其鼓吹过猛，往往会导致技术延误和人们的失望。当投资者因糟糕的数据或技术故障而深感苦恼时，往往会大批退出市场。高德纳咨询公司甚至绘制了这一过程的图表，并将最低点称为"理想破灭的低谷"。

然而，市场恐慌几乎不会为某一特定技术提供有力结论。它们是淘汰过程的一部分，为最终获胜者扫清了障碍。

与智能手机相比，出行技术具有很大优势。尽管手机在技术上很出色，但它只是一个单一的技术平台。迄今为止，这个行业所产生的数以亿计的产品，看起来都很像乔布斯于2007年1月在旧金山展示的原型机。转型发展的速度非常迅猛。在iPhone发布后的几年里，我们大多数人都用自己的翻盖手机进行交易，并沉迷于这种口袋大小的互联网机器。

而出行技术革命不会以这么快的速度侵入我们的生活。我们不会仅通过购买一件奇妙的工艺品就从昨天穿越到明天。相反,对我们大多数人来说,新秩序是慢慢融入我们的生活中的。而一些怀疑论者,就像温水中的青蛙,坚信一切都没有改变。

在本书最后,我们将为世界上某地的城市居民勾勒出未来几年的蓝图。她不应该在拥有新事物后在社交网络上炫耀。她会变成一个怀疑论者,如同温水中的青蛙,通过怀疑的视角来观察自己周围的场景。

首先,她买了一辆车。这符合坚定现实主义者的行为方式,有很多人和她一样。("这些小型车和类似的车辆看似都很不错,但我必须亲身体验一番。")一两年后,一条新的地铁线路开通了。她有时开车到市中心。("自从他们把主要的停车场改成足球场之后,我要找地方停车就相当痛苦了。")不过,她的办公室不在地铁线边上,所以得继续开车去上班。("这是什么破出行革命?")

她在一个周末去拜访朋友,看到自动驾驶车队正在朋友的城市里穿行,但只能在河的另一边通行。("那些车不够智能,不能想去哪儿就去哪儿。")她选择了其中一辆自动驾驶汽车,却发现车子的行程僵化。("无聊。")

朋友们度假归来,谈论着乘坐飞船时的所见所闻。("对,有飞船,但不在这里。")而她那个小气的哥哥却开着一辆类似于摩托车和高尔夫球车结合的车子。("祝你下雪时好运。")

你看到了这一场景。出行革命将继续潜移默化地渗透我们生活的方方面面。在这一过程中所出现的事故和失败会给怀疑论者以支持。

对于坚定的现实主义者来说，真正的考验是，有一天她惊恐地看到，她那辆老爷车下竟有一个黑色水坑在闪闪发光。也许是时候换一辆新车了……换不换啊？她环顾四周，心中有了自己的答案。

即使基于这一点，我们也不能宣布新出行技术已经形成。换言之，对出行技术的探索永远不会有终结的时刻。我们的城市和生活将不断产生划时代的变化。事实上，它们已经来到我们身边。

致　谢

为了写作本书，我们去到了上海、洛杉矶、坦帕、迪拜以及许多其他城市。我们要感谢所有人。首先要感谢的是我们出色的编辑霍利斯·海姆鲍奇，从一开始，他就相信并一直坚定地支持我们。其次要感谢哈珀·柯林斯出版集团的工作人员，尤其是丽贝卡·拉斯金、尼基·巴尔德奥夫和米兰·博齐克。

我们的经纪人吉姆·莱文和莱文·格林伯格·罗斯坦文学社帮我们策划了本书，提出建议，并自始至终参与其中。他们还经营着第七大街上最好客的商店（配有果岭）。

蒂姆·格里包迪领导的洛杉矶 CoMotion 团队、蒙特利尔和中国香港的新城基金会以及奥利维娅·恩德东，给我们提供了极大的支持和帮助。

我们还要感谢帮助我们应对未来技术和政策挑战的专家。洛杉矶市市长埃里克·加塞蒂办公室，尤其是塞莱塔·雷诺兹所属的洛杉矶交通部给我们提供了宝贵的帮助，洛杉矶地铁的约书亚·L.尚克也提供了帮助。我们还要感谢格雷格·林赛、盖布·克莱因、鲍里斯·冯·博尔曼、格雷森·布鲁特、阿纳波·查特吉、拉斯·米切尔、艾伦·奥恩斯曼、比尔·维斯尼克和汽车工程师协会的马西·海因曼,以及卡内基·梅隆大学的约翰·多兰和拜伦·斯派斯。

其他提供重要帮助的人包括赫尔辛基的劳里·基维宁和苏珊娜·尼尼瓦拉,迪拜的诺亚·拉弗德,Y-CITY全球创新学院上海团队的石岚、薛涛,以及底特律的米里亚姆·西弗尔和乔·巴克拉克。感谢沙特阿拉伯吉达的阿卜杜勒·拉蒂夫·贾米尔集团董事长穆罕默德·贾米尔长达数十年的友谊。他是一位出色的慈善家和商业领袖,率先指出内燃机的寿命有限。

最后,感谢我们的配偶雅莱尔·克拉弗和安东内拉·卡鲁索,如果没有家人的支持和爱,我们是不可能进行研究并完成本书的。

注　释

引　言

1. American Automobile Association, *Your Driving Costs: How Much Are You Really Paying to Drive?* (Heathrow, FL: AAA Association Communication, 2018), https://publicaffairs resources.aaa.biz/download/11896/.
2. Todd C. Frankel, "The Cobalt Pipeline," *Washington Post*, 1 October 2016, https://www.washingtonpost.com /graphics/business/batteries/congo-cobalt-mining-for-lithium-ion-battery/.
3. Trefor Moss, "China's Giant Market for Really Tiny Cars," *Wall Street Journal*, 21 September 2018, https://www.wsj.com/articles/chinas-giant-market-for-tiny-cars-15375 38585.
4. Jon Russell, "Google Confirms Investment in Indonesia's Ride-Hailing Leader Go-Jek," *TechCrunch*, 28 January 2018, https://techcrunch.com/2018/01/28/google-confirms-go-jek-investment/.
5. "68% of the World Population Projected to Live in Urban Areas by 2050, Says UN," United Nations Department of Economic and Social Affairs, 16 May 2018, https://www.un.org /development/desa/en/news/population/2018-revision-of-world-urban ization-prospects.html.
6. "Dubai's Autonomous Transportation Strategy," Dubai Future Foundation, March 2019, https:// www.dubaifuture.gov.ae/our-initiatives/

dubais-autonomous-transportation-strategy/.

7. Cleofe Maceda, "Hyperloop in Abu Dhabi to Cost up to Dh1.4 Billion, to Be Ready by 2020," *Gulf News*, 17 January 2019, https://gulfnews.com/business/hyperloop-in-abu-dhabi-to-cost-up-to-dh14-billion-to-be-ready-by-2020-1.1547722844596.

第一章 按回车键打印汽车

1. The ports of Los Angeles and Long Beach: "Top 20: U.S. Ports Ranked on 2017 Import Volume," *The Maritime Executive*, 7 June 2018, https://www.maritime-executive.com/article/top-20-u-s-ports-ranked-on-2017-import-volume.

2. Laurie Chen, "Hong Kong Firm Backed by Li Ka-shing to Build China Plant for 3D-Printed Electric Cars," *South China Morning Post*, 19 June 2018, https://www.scmp.com/business/companies/article/2151288/hong-kong-firm-backed-li-ka-shing-build-china-plant-3d-printed.

3. Robert O. Boorstin, "A Tough Pack of Dogs," *Harvard Crimson*, 22 November 1980, https://www.thecrimson.com/article/1980/11/22/a-tough-pack-of-dogs-pif/.

4. Peter Cohan, "Four Lessons Amazon Learned from Webvan's Flop," *Forbes*, 17 June 2013, https://www.forbes.com/sites/petercohan/2013/06/17/four-lessons-amazon-learned-from-webvans-flop/.

5. Alistair Barr, "From the Ashes of Webvan, Amazon Builds a Grocery Business," Reuters, 18 June 2013, https://www.reuters.com/article/net-us-amazon-webvan/from-the-ashes-of-webvan-amazon-builds-a-grocery-business-idUSBRE95H1CC 20130618.

6. Nichola Groom, "U.S. Electric Car Maker Coda Files for Bankruptcy," Reuters, 1 May 2013, https://www.reuters.com/article/coda-chapter11/u-s-electric-car-maker-coda-files-for-bankruptcy-idUSL2N0DI05J20130501.

7. National Research Council, *Hidden Costs of Energy: Unpriced Consequences of Energy Production and Use* (Washington, DC: National

Academies Press, 2010), https://doi.org/10.17226/12794.
8. "Tesla Model S Weight Distribution," *Teslarati* (blog), 19 July 2013, https://www.teslarati.com/tesla-model-s-weight/.
9. Chuck Salter, "Barry Diller's Grand Acquisitor," *Fast Company*, 1 December 2007, https://www.fastcompany.com/61073/barry-dillers-grand-acquisitor.
10. "Arcimoto Completes $19.5 Million Regulation A+ IPO, Approved for Listing on the Nasdaq Global Market," Business Wire, 21 September 2017, https://www.businesswire.com/news/home/20170921005538/en/Arcimoto-Completes-19.5-Million-Regulation-IPO-Approved.
11. Brian Silvestro, "This 700-Horsepower 3D-Printed Supercar Is the Future of Car-Making," *Road & Track*, 27 June 2017, https://www.roadandtrack.com/new-cars/car-technology/a10223824/3d-printed-supercar-future-car-making/.

第二章　洛杉矶：向托潘加峡谷缓慢前行

1. Donald Duke and Stan Kistler, *Santa Fe: Steel Rails through California* (San Marino, CA: Golden West Books, 1963).
2. Andre Coleman, "Wealth, Power and Art Are What Drove Railroad Magnate Henry Huntington," *Pasadena Weekly*, 8 June 2017, https://www.pasadenaweekly.com/2017/06/08/wealth-power-art-drove-railroad-magnate-henry-huntington/.
3. "Los Angeles' Auto Manufacturing Past," Los Angeles Almanac, accessed 12 April 2019, http://www.laalmanac.com/transport/tr04.php.
4. Richard W. Longstreth, *City Center to Regional Mall: Architecture, the Automobile, and Retailing in Los Angeles, 1920–1950* (Cambridge, MA: MIT Press, 1997).
5. Longstreth, 15.
6. Neighborhood Data for Social Change, "A 2018 Snapshot of Homelessness in Los Angeles County," KCET, 3 August 2018, https://

www.kcet.org/shows/city-rising/a-2018-snapshot-of-homelessness -in-los-angeles-county.

7. Laura Bliss, "Mapping L.A. County's 'Parking Crater,'" CityLab, 11 January 2016, https://www.citylab.com/transportation/2016/01/map-la-county-parking-200-square-miles/423579/.
8. Paris covers 104 square kilometers, or 40.7 square miles. See "Capital Facts for Paris, France," World's Capital Cities, accessed 12 April 2019, https://www.worldscapitalcities.com/capital-facts-for-paris-france/.
9. Joni Mitchell, "Big Yellow Taxi," track 10 on *Ladies of the Canyon*, Reprise Records, 1970, http://jonimitchell.com/music /song.cfm? id=13.
10. "Miles of Public Roads, Los Angeles County," Los Angeles Almanac, accessed 12 April 2019, http://www.laalmanac.com/transport/tr01.php.
11. Baruch Feigenbaum and Rebeca Castaneda, "Los Angeles Has the World's Worst Traffic Congestion—Again," Los Angeles Daily News, 19 April 2018, https://www.dailynews.com/2018/04 /19/los-angeles-has-the-worlds-worst-traffic-congestion-again/.
12. Blanca Barragan, "Take a Tour of the 'Third Los Angeles,' LA's Present and Future," *Curbed Los Angeles*（blog）, 14 June 2016, https://la.curbed.com/2016/6/14/11938840/video-third-los-angeles.
13. LA Metro details Measure M on its site, http://theplan.metro.net.
14. Lance Morrow, "Feeling Proud Again：Olympic Organizer Peter Ueberroth," *Time*, 5 January 1985, http://content.time.com/time/magazine/article/0, 9171, 956226, 00.html.
15. "Make Your Car Last 200,000 Miles," *Consumer Reports*, 6 November 2018, https://www.consumerreports.org/car-repair-maintenance/make-your-car-last-200-000-miles/.
16. Neighborhood Data for Social Change, "Transit Rider-ship in Los Angeles County Is on the Decline," KCET, 11 January 2018, https://www.kcet.org/shows/city-rising/transit-ridership-in-los-angeles-county-is-on-the-decline.

17. Tony Barboza, "Southern California Smog Worsens for Second Straight Year Despite Reduced Emissions," *Los Angeles Times*, 15 November 2017, https://www.latimes.com/local/lanow/la-me-ln-bad-air-days-20171115-story.html.
18. Noah Smith, "Sudden Appearance of Electric Scooters Irks Santa Monica Officials," *Washington Post*, 10 February 2018, https://www.washingtonpost.com/national/sudden-appearance-of-electric-scooters-irks-santa-monica-officials/2018/02/10/205f6950-0b4f-11e8-95a5-c396801049ef_story.html.
19. Nigel Duara, "People in San Francisco Are Really Pissed over These Electric Scooters," Vice News, 2 May 2018, https://news.vice.com/en_us/article/d35m9a/people-in-san-francisco-are-really-pissed-over-these-electric-scooters.
20. Chris Glynn and Alexander Casey, "Homelessness Rises Faster Where Rent Exceeds a Third of Income," Zillow Research, 11 December 2018, https://www.zillow.com/research/homelessness-rent-afforda-bility-22247/.

第三章　800匹电马

1. "By 2030, the Transport Sector Will Require 138 Million Fewer Cars in Europe and the US," PricewaterhouseCoopers, 16 January 2018, https://press.pwc.com/News-releases/by-2030-the-transport-sector-will-require-138-million-fewer-cars-in-europe-and-the-us/s/a624f0b2-453d-45a0-9615-f4995aaaa6cb.
2. Trefor Moss, "China Has 487 Electric-Car Makers, and Local Governments Are Clamoring for More," *Wall Street Journal*, 19 July 2018, https://www.wsj.com/articles/china-has-487-electric-car-makers-and-local-governments-are-clamoring-for-more-1531992601.
3. "Our Investment Plan," Electrify America, https://www.electrifyamerica.com/our-plan.
4. "Electric Vehicle Outlook 2018," BloombergNEF, 2018, https://about.

bnef.com/electric-vehicle-outlook/.
5. "Phone, Electric Cars and Human Rights Abuses—5 Things You Need to Know," Amnesty International, 1 May 2018, https://www.amnesty.org/en/latest/news/2018/05/phones-electric-cars-and-human-rights-abuses-5-things-you-need-to-know/.
6. Peter Valdes-Dapena, "Amazon Invests Money in Electric Pickups," CNN Business, 15 February 2019, https:// www.cnn.com/2019/02/15/business/rivian-amazon/index.html.

第四章 侏罗纪底特律

1. Kirsten Korosec, "Delphi Buys Self-Driving Car Startup NuTonomy for $450 Million," *Fortune*, 24 October 2017, http://fortune.com/2017/10/24/delphi-buys-self-driving-car-startup-nutonomy-for-450-million/.
2. Neal E. Boudette, "Ford Aims to Revive a Detroit Train Station and Itself," *New York Times*, 17 June 2018, https://www.nytimes.com/2018/06/17/business/ford-detroit-station.html.
3. Kirsten Korosec, "An Inside Look at Ford's $1 Billion Bet on Argo AI," The Verge, 16 August 2017, https://www.theverge .com/2017/8/16/16155254/argo-ai-ford-self-driving-car-autonomous.
4. Greg Gardner, "Ford's 'Smart Mobility' Is Still a Long Way from Profitable," *Forbes*, 26 April 2018, https://www.forbes .com/sites/greggardner/2018/04/26/fords-smart-mobility-is-still-a-long-way-from-profitable.
5. "Ford Motor Company Reports Fourth Quarter and Full Year 2017 Results ; Revenue Up, Net Income Higher, Adjusted Pre-Tax Profit Lower, Ford Media Center, 24 January 2018, https://media.ford.com/content/fordmedia/fna/us/en/news/2018/01/24/ford-reports-fourth-quarter-and-full-year-2017-results.html.
6. Clayton M. Christensen, *The Innovator's Dilemma : When New Technologies Cause Great Firms to Fail*(Boston : Harvard Business

School Press, 1997).
7. "How the Auto Industry Is Preparing for the Car of the Future," *McKinsey Podcast*, December 2017, https://www.mckinsey.com/industries/automotive-and-assembly/our-insights/how-the-auto-industry-is-preparing-for-the-car-of-the-future.
8. Kelly J. O'Brien, "Car-Suspension Techmaker ClearMotion Raises $115M," *Boston Business Journal*, 9 January 2019, https://www.bizjournals.com/boston/news/2019/01/09/car-suspension-tech-maker-clearmotion-raises-115m.html.
9. Bernd Heid, Matthias Kasser, Thibaut Muller, and Simon Pautmeier, "Fast Transit: Why Urban E-Buses Lead Electric Vehicle Growth," McKinsey & Company, October 2018, https://www.mckinsey.com/industries/automotive-and-assembly/our-insights/fast-transit-why-urban-e-buses-lead-electric-vehicle-growth.
10. Paige St. John, "Stalls, Stops and Breakdowns: Problems Plague Push for Electric Buses," *Los Angeles Times*, 20 May 2018, https://www.latimes.com/local/lanow/la-me-electric-buses-2018 0520-story.html.
11. "Mobility and Automotive Industry to Create 100 000 Jobs, Exacerbating the Talent Shortage," Boston Consulting Group, press release, 11 January 2019, https://www.bcg .com/d/press/11january2019-mobility-and-automotive-industry-create-jobs-exacerbating-talent-shortage-211519.

第五章 赫尔辛基：编织魔毯应用程序

1. Sonja Heikkila, "Mobility as a Service: A Proposal for Action for the Public Administration, Case Helsinki" (master's thesis, Aalto University, 19 May 2014), https://aaltodoc.aalto.fi /handle/123456789/13133.
2. Barb Darrow, "Can We Agree That the Nokia Buy Was a Total Disaster for Microsoft?," *Fortune*, 8 July 2015, http://fortune.com/2015/07/08/was-microsoft-nokia-deal-a-disaster/.

第六章　与老鹰和夜莺为伴

1. Melissa Repko, "Uber Getting Plans off the Ground for Air Taxis in Dallas, Los Angeles," *Dallas Morning News*, 8 May 2018, https://www.dallasnews.com/business/technology/2018/05/08/uber-getting-plans-ground-air-taxis-dallas-los-angeles.
2. "NASA Puffin Personal Electric VTOL—Updated Version," YouTube video, posted by "NASAPAV," 16 May 2015, https://www.youtube.com/watch?v=QSdwNl-9mPU.
3. Mark D. Moore, *NASA Puffin Electric Tailsitter VTOL Concept* (Langley, VA : NASA, 2010), https://ntrs.nasa.gov/archive/nasa/casi.ntrs.nasa.gov/20110011311.pdf.
4. Ashlee Vance and Brad Stone, "Welcome to Larry Page's Secret Flying-Car Factories," *Bloomberg Businessweek*, 9 June 2016, https://www.bloomberg.com/news/articles/2016-06-09/welcome-to-larry-page-s-secret-flying-car-factories.
5. "Lessons Learned 'Hard' wareway | Uber Elevate," YouTube video, posted by "Uber," 22 May 2018, https://www .youtube.com/watch?v=agnCFyem0kU. This ninety-minute session from the 2018 Uber Elevate Summit, moderated by Mark Moore, delves into the technical and design issues facing eVTOL manufacturers.
6. "The Birth of Commercial Aviation," BirthofAviation.org, 12 December 2014, http://www.birthofaviation.org /birth-of-commercial-aviation/.
7. Benjamin Seibold, "Phantom Traffic Jams and Autonomous Vehicles," presentation materials, Temple University, College of Science and Technology Board of Visitors meeting, 21 April 2016, https://cst.temple.edu/sites/cst/files/documents/seibold%20talk%20small.pdf.
8. Bryan Logan, "Elon Musk Is Seeking to Ease Concerns in an Affluent Los Angeles Suburb Where He Wants to Build a Tunnel," *Business Insider*, 18 May 2018, https://www.businessinsider .com.au/the-boring-company-new-test-tunnel-sepulveda-boulevard-los-angeles-2018-5.

第七章　迪拜：掌握最前沿

1. Mohammed bin Rashid Al Maktoum, *My Vision*（Dubai：Motivate Publishing, 2012）.
2. Andy Hoffman, "Dubai's Burj Khalifa：Built out of Opulence；Named for Its Saviour," *Globe and Mail*, 4 January 2010, https://www.theglobeandmail.com/report-on-business/dubais-burj-khalifa-built-out-of-opulence-named-for-its-saviour/article1208413/.
3. Jim Krane, *City of Gold：Dubai and the Dream of Capitalism*（New York：Picador, 2010）. Krane's book is an excellent primer on the history of Dubai.
4. "Longest Driverless Metro Line," Guinness World Records, 23 May 2011, http://www.guinnessworldrecords.com/world-records/longest-driverless-metro-line.

第八章　傻瓜式驾驶

1. Josh Lowensohn, "Uber Gutted Carnegie Mellon's Top Robotics Lab to Build Self-Driving Cars," The Verge, 19 May 2015, https://www.theverge.com/transportation/2015/5/19/8622831/uber-self-driving-cars-carnegie-mellon-poached.
2. "Intel Predicts Autonomous Driving Will Spur New 'Passenger Economy' Worth $7 Trillion," Intel Corporation, press release, 1 June 2017, https://newsroom.intel.com/news-releases/intel-predicts-autonomous-driving-will-spur-new-passenger-economy-worth-7-trillion/.
3. Charles Picquet, *Rapport sur la marche et les effets du cholera-morbus dans Paris et les communes rurales du departement de la Seine*（Paris, 1832）, https://gallica.bnf.fr/ark:/12148/bpt6k842918.
4. "Driving into 2025：The Future of Electric Vehicles," J. P. Morgan, 10 October 2018, https://www.jpmorgan.com/global/research/electric-vehicles.
5. Daniel Kahneman, *Thinking, Fast and Slow*（New York：Farrar, Straus and Giroux, 2011）.

第九章　上海：黄浦江上的培养皿

1. Alex Hernandez, "Beijing Is Cracking Down on Honking with New Acoustic Camera Systems," Techaeris, 21 April 2018, https://techaeris.com/2018/04/21/beijing-cracking-down-honking-acoustic-camera-systems/.
2. Stephen R. Platt, *Imperial Twilight: The Opium War and the End of China's Last Golden Age*（New York: Alfred A. Knopf, 2018）. Platt's history of the Opium War provides rich detail on China's turbulent relations with the West.
3. International Association of Public Transport（UITP）, *World Metro Figures*（Brussels: September 2018）, https://www.uitp.org/sites/default/files/cck-focus-papers-files/Statistics%20Brief%20-%20World%20metro%20figures%202018V4_WEB.pdf.
4. Department of City Planning, *Concept Los Angeles: The Concept for the Los Angeles General Plan*（Los Angeles: January 1970）, http://libraryarchives.metro.net/DPGTL/losangelescity/1970_concept_los_angeles.pdf.
5. Nic Fildes, "Equipment Vendors Battle for Early Lead in 5G Contracts," *Financial Times*, 9 October 2018, https://www.ft.com/content/21e34e74-bcf0-11e8-94b2-17176fbf93f5.

第十章　无人机小队

1. Sara Morrison, "Jeff Bezos' '60 Minutes' Surprise: Amazon Drones," *The Atlantic*, 1 December 2013, https://www.theatlantic.com/technology/archive/2013/12/jeff-bezos-60-minutes-surprise/355626/.
2. "Jakarta Case Study Overview: Climate Change, Disaster Risk and the Urban Poor: Cities Building Resilience for a Changing World," The World Bank, 2010, https://siteresources.worldbank.org/INTURBANDEVELOPMENT/Resources/336387-1306291319853/CS_Jakarta.pdf.

3. Leighton Cosseboom, "This Guy Turned Go-Jek from a Zombie into Indonesia's Hottest Startup," Tech in Asia, 27 August 2015, https://www.techinasia.com/indonesia-go-jek-nadiem-makarim-profile.
4. Adithya Venkatesan, "How GOJEK Manages 1 Million Drivers with 12 Engineers（Part 2）," Go-Jek blog post on Medium, 1 July 2018, https://blog.gojekengineering.com/how-go-jek-manages-1-million-drivers-with-12-engineers-part-2-35f6a27a0faf.
5. *Puheenvuoro*［Taking the floor］, directed by Hannes Vartiainen and Pekka Veikkolainen（Helsinki：Pohjankonna Oy, 2017）, https://vimeo.com/207997372.

结　语　时间、路程、金钱

1. Thomas F. Golob, Martin J. Beckmann, and Yacov Zahavi, "A Utility-Theory Travel Demand Model Incorporating Travel Budgets," *Transportation Research, Part B：Methodological* 15, no. 6（December 1981）: 375–89, https://doi.org/10.1016/0191-2615（81）90022-9.
2. Cesare Marchetti, "Anthropological Invariants in Travel Behavior," *Technological Forecasting and Social Change* 47, no. 1（September 1994）: 75–88, https://doi.org/10.1016/0040-1625（94）90041-8.
3. Nicole Badstuber, "London Congestion Charge：What Worked, What Didn't, What Next," The Conversation, 2 March 2018, http://theconversation.com/london-congestion-charge-what-worked-what-didnt-what-next-92478.
4. Cathy O'Neil, *Weapons of Math Destruction*（New York：Crown, 2016）.
5. Stephen Baker, "Smart Phones：They're the Next Phase in the Tech Revolution, and Soon They May Change Your Life," *BusinessWeek*, 18 October 1999, https://www.bloomberg.com/news/articles/1999-10-17/smart-phones-intl-edition.